UN JARDIN SANS CLÔTURE

Jean Prod'hom

Un jardin sans clôture

John Nelson Darby et Alexis Muston

Petite Bibliothèque de Spiritualité

LABOR ET FIDES

Du même auteur chez Labor et Fides

Élargir les seuils, 2023
(Prix Édouard-Rod 2023)

La publication de cet ouvrage
a bénéficié du soutien
de la Fondation Leenaards

*Les Éditions Labor et Fides sont subventionnées
par la République et canton de Genève,
et bénéficient d'un soutien structurel
de l'Office fédéral de la culture pour les années 2021-2024.*

ISBN 978-2-8309-1859-5

1, rue Beauregard CH – 1204 Genève
Tél. + 41 (0)22 311 32 69
Fax. + 41 (0)22 781 30 51
E-mail : contact@laboretfides.com
Site Internet : www.laboretfides.com

Une maison qui n'aurait que des seuils serait une maison sans murs, mais cette maison sans murs – qui n'est ni une origine perdue ni une fin – est pourtant présente et présentée en chaque porte ou fenêtre.

Jean-Christophe Bailly

Préambule

Par la fenêtre grande ouverte, là tout près, jardin, fontaine, taupinières et cabanon, marronnier et mésanges ; plus loin champs et prairies, forêts, rivières et ravins ; les nuages enfin, les merveilleux nuages.

Il y avait foule autrefois dans cette campagne aujourd'hui déserte, serrée dans les ruelles du village ou dispersée dans les hameaux et les fermes foraines, à l'ouvrage dans les champs de lin ou de chanvre, au plantage, dans les cours et les jardins, sur les chemins. Mais où donc sont-ils passés ?

Pour parler d'eux à leurs voisins ou aux gens de passage ils disaient *nous* ; et *chez nous* pour désigner le coin de pays qu'ils habitaient. Mais ce *nous* et ce *chez nous*, il ne faut pas s'y tromper, aucun d'entre eux n'aurait été capable d'en préciser la portée ; c'était une réalité imprécise que ne recoupaient qu'imparfaitement les plans des géomètres et les registres administratifs.

C'était bien sûr eux, les paysans et les paysannes, leurs enfants et les domestiques ; mais c'était aussi les morts et le cimetière, l'église, l'auberge et la salle du conseil ; c'était les deux sonneurs et l'huissier, le secrétaire et le préposé aux vases de communion ; les rivières, les sources, le fontainier ; le four banal et les esserts ; la scie et le moulin, la forge et la tannerie, la carrière de la Mussilly ; c'était les droits de tuiles et de bois de bâtisse ; la garde du verrat et celle du taureau, le fermage de La Tuilière et de La Moille Baudin ; c'était les deux taupiers, le garde-champêtre et le régent ; les ponts, les chaussées, les jours de corvée et le triangle, les lots de bois d'affouage ; le berger, le parcours et la moutonnerie ; c'était les orphelins misés en fin d'année, les pauvres auxquels la Bourse distribuait un secours casuel ou une pension régulière et les aventuriers dont la commune finançait le voyage en Amérique ou en Pologne. Ce *nous* était partout, il liait et obligeait. Personne n'imaginait qu'il pût en aller autrement.

Ce *nous* venait de loin, de très loin, d'un récit archaïque qui se transmettait de génération en génération, sans cérémonie, auquel paysannes et paysans ajoutaient le leur, en petits caractères de bas de page. Et les premières lignes du récit de leurs enfants, fondues dans le leur, ils les confieraient demain au régent, au pasteur, à ce *nous* enfin qui, de le prononcer un jour loin de chez eux, à la foire ou à la ville, attesterait aux yeux de tous qu'ils en étaient désormais.

En dépit des obligations et des devoirs que supposait cette vie communautaire, aucun communier n'éprouvait, je crois, le sentiment d'être prisonnier de quoi que ce soit. Ce *nous*, personne ne le leur avait imposé et il ne les empêchait pas de s'en émanciper toutes les fois qu'ils disaient *je* au conseil ou à l'auberge, pour faire entendre une idée ou signifier leur désaccord.

Ce *nous* qui oblige et délivre se manifestait les jours de semaine mais aussi le dimanche. La communauté suspendait ce jour-là toutes ses activités ou les réduisait au strict minimum. Même les prés et les champs, les vaches et la basse-cour étaient mis au repos. Les paysans faisaient place nette, balayaient la cour dès l'aube et vidangeaient la fontaine tandis que leurs femmes préparaient le dîner. Quant aux enfants ils enfilaient sitôt levés leurs habits du dimanche.

À 8 h les cloches sonnaient une première fois, à 9 h une seconde, et on voyait descendre des hameaux et des fermes foraines, à pied ou sur un char, la communauté dispersée qui venait converger sur la place du village. À 10 h le pasteur montait en chaire, saluait ses paroissiens et faisait son sermon ; on chantait et il priait avant de bénir l'assemblée. Les cloches sonnaient alors à toute volée et tout le monde se retrouvait sur la place : les enfants prenaient possession du jeu de quilles, jouaient à clicli-mouchette ou aux billes près de la pompe à incendie ; les femmes saluaient cousines, tantes et belles-sœurs avant de remonter dans leur quartier, seules ou en petits groupes ; les hommes causaient sous le tilleul, derrière le pressoir, ou à l'auberge autour d'un verre de chasselas tiré des vignes de la commune.

Mais ne nous illusionnons pas et ne tirons pas de ce tableau l'idée que tout était lisse et rose. Abandons de familles et violences conjugales, exploitation des plus faibles et maltraitance des enfants étaient choses courantes, les inégalités sociales la règle ; en décembre, à l'heure des bilans, le boursier dénonçait les mauvais payeurs et le syndic les fraudeurs ; le rapporteur de la commission de gestion, lui, comme toujours, se plaignait du coût exorbitant de la pauvreté.

Mais je n'y puis rien, en dépit de tout ce qui défigurait le visage des communautés paysannes, les dimanches d'autrefois me plongent dans une douce rêverie. Une rêverie qui n'est pas de nostalgie puisque je sens très physiquement, là tout près, ce *nous* qui animait la vie des campagnes : c'est toi et c'est lui, c'est eux et c'est vous, morts et vivants, taupes sous la terre et oiseaux dans le ciel, qui donnez sens aujourd'hui à mon présent.

Sans ce *nous* dont nous procédons, toujours différent et pourtant le même, qui nous entendrait ? Qui répondrait à nos chants et nos plaintes ?

Il est pourtant trop tard, le temps a passé, nos dimanches ont pris la couleur des jours ouvrables ; les communautés rurales, mises à mal par la révolution industrielle, disloquées par la division du travail et les lois du marché, sont mortes, avalées, disparues dans un espace sans lisières et sans haies ; société anonyme confiée à des avocats et des juristes spécialisés dans la rédaction et la défense des contrats privés et des traités internationaux ; espace d'un seul tenant, homogène et sans dehors ; prison sans barreaux ; communauté pourtant mais qui n'a de communauté que le nom, traversée par un *nous* sans contenu, sans référence, de pure forme.

Cette communauté sans communauté, née à la fin de l'Ancien Régime, nous enferme aujourd'hui dans un no man's land saturé d'objets qui nous invite à choisir, librement, les accessoires du film dans lequel nous souhaitons figurer. En réalité nous allons et venons sans but, sans scénario, dans les allées d'un immense drugstore, côte à côte, l'œil fixé sur le caddie et les choix de nos voisins.

Nous sommes nombreux à vivre ainsi, un peu perdus un peu coupables, exilés du monde et de nous-mêmes, hésitant à frapper à la porte des officines qui ont pris conscience de notre désarroi. Nous feuilletons leurs catalogues qui proposent un éventail d'activités ; nous cochons celles qui pourraient nous rapprocher de nous-mêmes et des autres. Les institutionnels ouvrent des points-rencontres ; les services de santé mettent à notre disposition des médiateurs et des objets transitionnels ; les politiques nous convient à des rencontres et les maîtres de sagesse à des conférences. Ailleurs de petits groupes se forment : ateliers de création, groupes de prière, club de supporters, salons littéraires ou cercles philosophiques, autant de refuges éphémères qui offrent à qui veut ce *nous* qui lui manque. Pourquoi pas une retraite d'une semaine à l'abbaye cistercienne d'Hauterive ou une randonnée avec des inconnus dans le Queyras ? Notre soif d'être ensemble est immense.

Il est d'autres collectifs encore qui, en réaction aux insuffisances du monde contemporain et de ses consolations, nous proposent bien plus qu'une halte dans le cours de nos actions : une véritable demeure, solide et pérenne, une Église, une nation, une société sans classes. Ces communautés très ambitieuses, historiques ou nouvellement nées, à tendance centralisatrice ou fédérative, exigent de leurs adeptes, en raison des buts qu'elles se sont fixés, un engagement de tous les instants, une fidélité et une loyauté absolues.

Leur équilibre est souvent précaire, si précaire qu'elles laissent apparaître avec le temps des signes d'agitation et de resserrement. Il suffit qu'une voix différente s'élève ou qu'une communauté rivale morde sur leurs terres pour qu'elles se sentent menacées. Il est demandé alors à chacun de fermer les fenêtres, de surveiller sa langue et de redoubler de vigilance. Quelques voix résistent : les fondateurs n'avaient-ils pas affirmé, au commencement, que leur collectif serait à l'abri des délires totalitaires ? Oui mais… il est urgent d'agir, le mal dont nous souhaitions nous garder s'est répandu, nous devons prendre des mesures.

Quelques-uns de ces groupes à vocation universelle ont su apprivoiser ce risque, éviter que la fraternité ne se métamorphose en suspicion, la fidélité en dénonciation, la ferveur en inquisition, la liberté en coercition. Mais la plupart y ont cédé, certains sont même devenus de vraies machines de guerre, des machines à diviser et à exclure.

Quels que soient pourtant les succès et les déroutes de ces communautés passées et présentes, rurales ou tribales, à vocation universelle ou transitoire, régionales ou nationales, cosmopolites, internationales, transnationales, toutes font entendre *urbi et orbi* la même question : « Quelle communauté demain ? Et pour qui ? »

D'avoir participé enfant au culte darbyste a certainement joué un rôle essentiel dans l'intérêt que je porte aujourd'hui à cette question et à l'Assemblée des frères dont John Nelson Darby fut le fondateur. Mais, et il faut le souligner, j'y ai participé sans jamais en être, un peu à la manière du héros des *Lettres persanes* débarquant de son pays natal. Jamais je n'ai risqué de m'y retrouver forclos comme beaucoup l'ont été et me l'ont confié plus tard, dénonçant les pressions qu'ils avaient subies et les tourments qu'ils avaient endurés pour en échapper. Avec le temps, l'ennui et l'incompréhension se sont installés, il est devenu évident que je n'y ferais pas de vieux os ; j'avais comme beaucoup d'adolescents mieux à faire. J'ai quitté l'Assemblée à 15 ans, si discrètement que personne, je crois, ne s'en est aperçu.

J'ai beaucoup erré dans les années qui ont suivi et le temps est passé, sans que l'idée de revisiter ces années m'effleure. J'ai bien évoqué dans un petit livre la manière dont j'ai pris un jour – c'était un dimanche – la clef des champs[1], mais

1. *Élargir les seuils*, Genève, Labor et Fides, 2023.

jamais je n'ai songé à me pencher sérieusement sur la nature de cette communauté à laquelle j'avais échappé.

C'est seulement plus tard, en découvrant le journal d'un pasteur vaudois[2] du Piémont exilé dans la Drôme, Alexis Muston[3], que je me suis intéressé plus sérieusement à l'histoire de John Nelson Darby et à la communauté qu'il anima.

Mon intérêt simultané pour ces deux figures du protestantisme n'a alors plus fléchi, sans que je sois en mesure d'en saisir immédiatement les raisons. Je n'étais naturellement pas insensible au fait que l'Irlandais et le Piémontais avaient fait de longs séjours à Lausanne, ma ville natale : Darby dès 1835 pour étendre son œuvre missionnaire sur le Vieux-Continent ; Muston dès

---

2. Il ne faut évidemment pas confondre les vaudois des Vallées piémontaises, disciples d'un réformateur d'avant la Réforme, Pierre Valdo (1140-1217), avec les Vaudois de Suisse du Pagus Valdensis, passés à la Réforme en 1536. Leurs destins ne sont pas les mêmes quand bien même ils se sont souvent croisés. C'est ainsi qu'un ami d'Alexis Muston, natif des Vallées et pasteur exilé dans le canton de Vaud, signera dans l'un de ses courriers : *Jean-Jacques Parander, pasteur deux fois vaudois.*

3. La première partie de ce journal a été publiée par les Presses universitaires de Grenoble, sous la direction de Patrick Cabanel, en 2018. La seconde, que j'ai lue entre le 20 et le 27 juillet 2020, repose aujourd'hui dans un carton à chaussures à Marsillargues dans l'Hérault.

1825 pour y accomplir ses études de théologie. Mais une telle coïncidence ne justifiait pas que je m'y attarde.

Jusqu'à ce que je m'avise qu'ils avaient tous deux vu le jour dans les premières années du XIXe siècle – le premier en 1800 à Londres, le second en 1810 près de Turin. Ils étaient donc les contemporains de cette première génération de femmes et d'hommes orphelins de leurs rois et oubliés des dieux, obligés au lendemain de la Révolution de reprendre la main sur leur existence.

Les uns font table rase et s'interdisent tout compromis avec l'Ancien Régime ; ils stigmatisent l'égoïsme des puissants et montrent du doigt les insuffisances du clergé. Ils n'hésitent pas, dans le domaine religieux, à en appeler à des principes nouveaux et dignes de leur temps. Ils souhaitent bâtir des communautés vivantes, solides, purifiées, qui les garderaient des égarements des institutions. En pays réformés, les plus hardis tournent le dos à l'Église dans laquelle ils sont nés et s'engagent dans des formes inédites de communauté. John Nelson Darby fut l'un d'eux.

D'autres, plus timides, un peu perdus mais curieux de tout, s'essaient à la vie solitaire, à bonne distance des avant-gardes et de leurs chicanes, loin des rendez-vous obligés. Ils préfèrent le doute aux certitudes, l'exemple aux démonstrations, la solitude, les paraboles aux principes, les courbes aux rectilignes et, au sein de l'Église protestante, la paisible vie paroissiale dans les campagnes aux séances de consistoire dans les villes. Alexis Muston fut de ceux-là.

On le voit, tout sépare ces deux hommes et ils n'auraient raisonnablement jamais dû se rencontrer. Une entrevue eut pourtant lieu en été 1879 à Saint-Laurent-du-Pape, qui m'a fait espérer, un bref instant, qu'ils s'expliquent sur leurs manières si différentes d'être au monde. Il n'en a rien été. J'étais naïf de croire qu'un tel dialogue puisse avoir lieu. Bien trop de choses opposaient en effet l'infatigable bâtisseur irlandais et le rêveur piémontais, toujours un peu désœuvré. J'ai dû en tirer les conséquences et me mettre à l'établi.

On l'aura compris, les pages qui suivent ne sont pas d'édification ni un règlement de compte ; elles ne traitent pas non plus de questions de théologie ni ne contribuent à la connaissance de l'histoire du protestantisme du XIXe siècle. Elles ne sont qu'un regard porté sur deux aventures qui, en dépit du gouffre qui les sépare, nous donnent l'occasion, à nous les tard venus, de nous pencher sur notre présent. Leurs deux aventures nous aident en effet à penser la question qui fut la leur et demeure la nôtre : celle de la communauté.

Nous n'en avons pas fini – n'est-ce pas ? – avec le besoin simultané d'en être et d'en échapper, bras ballants et tête au vent.

Saurons-nous y répondre ? En dépit des difficultés qui s'amoncellent je garde espoir ; j'ai même la sensation que nous n'en avons jamais été si près. Saurons-nous reconnaître ce quelque chose de très commun et de très banal mais aussi de très singulier et de très lumineux qui nous lie ? Saurons-nous y répondre et vivre demain, juste vivre, dans une maison avec des tas de fenêtres et presque pas de murs ?

John Nelson Darby

Il s'en est fallu de très peu que l'on n'entende jamais parler de lui. Il eût suffi qu'il réponde aux attentes de ses parents, demeure dans le giron de la riche bourgeoisie marchande britannique de la première moitié du XIXe siècle et accepte la place d'avocat ou de juriste qui, avant même qu'il naisse, lui avait été promise. Il en est allé autrement.

Irlandais par son père et Anglais par sa mère, John Nelson Darby naît le 18 novembre 1800 à Londres. Élève consciencieux à Westminster puis étudiant brillant au Trinity College, il ne manque de rien. Une bonne petite carrière professionnelle dans le domaine du droit se dessine. Mais l'enthousiasme n'est vite plus au rendez-vous, il s'accommode mal des routines, les cours s'enchaînent sans surprise : comme tous les adolescents, John Nelson a faim d'autre chose.

Il s'informe, feuillette des livres, butine à gauche et à droite avant de s'arrêter sur les *Évangiles* qu'un oncle, dit-on, lui aurait offerts. Non seulement il les lit avec assiduité mais aussi très consciencieusement. Rien n'est simple dans ces textes pleins d'obscurités et de contradictions mais ni les unes ni les autres ne le rebutent. Il les lit et les relit, les commente, les souligne et les annote si copieusement que le blanc des marges vient bientôt à manquer. Qu'à cela ne tienne, le jeune homme voit grand, très grand ; il met en pièces l'édition du *Novum Testamentum Graece* qu'il s'est procurée et les fait relier en quatre volumes, avec des pages intercalaires sur lesquelles il pourra ajouter à sa convenance de nouvelles notes et de nouveaux commentaires, des remarques, des références, des correspondances. La Bible sera son unique livre de chevet.

Cette vie spirituelle, appliquée, entêtée, à moitié secrète, est traversée par les questions que partagent la plupart des jeunes gens de son âge : la vie, la mort, l'amour, la vérité, le temps… Des questions qui, bientôt, prennent le pas sur celles que ses maîtres lui soumettent dans les auditoires de la Faculté de droit. Il hésite pourtant longtemps avant de prendre la décision, à 22 ans, après avoir reçu le titre d'avocat au barreau irlandais, de lui tourner le dos et de réorienter sa vie. Au grand dam de sa famille qui menace de lui couper les vivres.

Qu'importe, ses parents vont voir ce qu'ils vont voir ; le jeune homme ne cède pas, insiste même, redouble d'efforts et, parce qu'il en sait bientôt autant que beaucoup de prêtres anglicans, les autorités le font diacre à 25 ans et l'envoient dans les montagnes de Wicklow au sud de Dublin, dans un pays que le clergé a longtemps négligé. Darby s'en réjouit.

Cette retraite de quelques mois lui fait du bien et l'ouvre à un monde dont il ignorait tout : la paysannerie, le travail des champs, la pauvreté, l'usure des corps, l'isolement. Lui-même vit en solitaire dans une cabane et prêche dans une ancienne école. Le visage pâle, la silhouette amaigrie par de longues marches, l'habit négligé, il s'adonne à de longs jeûnes. Il y a chez l'Irlandais de ces années-là quelque chose de saint François d'Assise, mais d'un François d'Assise qui se serait intéressé exclusivement à la communauté des hommes et à leurs misères plutôt qu'à celle des oiseaux et à leurs chants.

Il faut le dire, le monde de l'Irlandais a toujours été pauvre en réalités et en expériences : les rivières coulent peu et le vent souffle à peine dans sa correspondance ; on n'y croise guère les saisons et le ciel est bas ; on chercherait en vain un lac, des fleurs, des papillons ou de verts pâturages, sinon ceux des Psaumes. Il ne s'en cache pas et laissera apparaître dans plusieurs de ses lettres son ennui de vivre. Sans avoir été chassé de nulle part, l'Irlandais erre sur la terre comme un exilé ; il dira même qu'il n'est pas de ce monde et que le Livre est son unique asile. L'existence lui pèse mais, par bonheur, n'est qu'une épreuve passagère, douloureuse mais inévitable pour accéder à ce paradis que promettent les évangiles, qui ne se cache pas sur la terre, comme le suggèrent certains poètes, mais l'attend demain là-haut dans le ciel.

Pendant son séjour dans les montagnes de Wicklow, Darby n'a en réalité d'yeux que pour les humains, qu'il rencontre au prêche le dimanche, sur les chemins, dans les champs ou à l'étable la semaine. Il les observe qui vont et viennent sans but, enchaînés à leurs peines, sans consolation et sans refuge. Leurs jours et leurs nuits se succèdent dans la misère et l'indifférence, l'entraide est inexistante et la solitude partout.

Le vicaire ne les tient pas pour responsables de leur état, c'est aux Églises et au monde qu'il en veut ; ils ont failli à leur mission et les prêtres n'ont pas procuré aux hommes cette vie spirituelle qui sauve. Quelque chose doit être entrepris. Mais quoi ?

Au retour de Wicklow, Darby réfléchit de longues nuits sur la forme à donner à la refondation religieuse qu'il appelle de ses vœux. A-t-il l'espoir que quelque chose puisse encore se réaliser du dedans des institutions ? On peut le croire puisque, en 1826, malgré ses profondes divergences avec l'Église anglicane, il accepte son ordination dans la cathédrale de Dublin.

Mais non, le mal est trop profond, il n'est plus possible de ménager la chèvre et le chou ; aucune réforme n'est envisageable, il faut cesser de tourner autour du pot, les Églises sont dans l'impasse. Le ressentiment de l'Irlandais à leur égard se métamorphose bientôt en colère ; les Églises se sont tant compromises avec les pouvoirs politiques qu'il est vain de vouloir en sauver quoi que ce soit ; leur naufrage est total, le temps est venu de leur tourner le dos.

Darby n'est pas seul à en appeler à un réveil religieux, catégorique, radical, irrévocable ; il a tissé des liens avec les déçus de l'Église anglicane, les minorités dissidentes, insoumises, les chrétiens sans chapelle ; il a de nombreux amis dans les communautés piétistes et chez les catholiques d'Irlande ; il a retrouvé d'anciens camarades du Trinity College affligés comme lui par l'état du monde. Tous sont mécontents de leur vie, tous rêvent de quelque chose d'autre, quelque chose de grand, de pionnier, quelque chose de majeur. Le moment est venu de reprendre les choses à zéro.

Janvier 1828 ou novembre 1829, à Londres ou à Dublin, les opinions divergent

– personne ne se souvient exactement ni du lieu ni du moment, pas même celui qui en fut l'instigateur –, un événement bouleverse la vie de John Nelson Darby et l'ouvre à une aventure qu'il n'imaginait pas. John Gifford Bellett, Edward Cronin, Francis Hutchinson et lui-même, amis mais aussi rebelles devant l'Éternel, se réunissent pour dire adieu au passé et rompre avec les institutions religieuses de leur temps. Ce jour-là, dans une chambre de Londres ou Dublin, les quatre jeunes hommes se jettent dans l'inconnu en communiant dans le dos des autorités ecclésiastiques, avec la certitude qu'ils ne reviendront plus en arrière.

John Nelson Darby racontera à plusieurs reprises combien cette expérience fut décisive. Elle constitue en effet la pierre d'angle de son histoire personnelle et contient en puissance celle de ce que la tradition appellera l'Assemblée des frères. Il l'évoquera une dernière fois quelques années avant sa mort, lorsque le rédacteur d'un journal catholique français lui demandera d'évoquer son histoire. Darby lui répondra :

1878

…

La Parole nous déclare que là où deux ou trois sont assemblés au nom de Jésus, Il sera au milieu d'eux. C'est ce que nous avons fait. Nous n'étions que quatre pour le faire, non pas, je l'espère, dans un esprit d'orgueil ou de présomption, mais profondément affligés de voir l'état de ce qui nous entourait... Nous ne pensions pas, cher Monsieur, à autre chose que satisfaire au besoin de nos âmes et nous ne pensions pas que cela pût aller plus loin... Les mêmes besoins ont fait suivre à d'autres le même chemin, et ainsi l'œuvre s'est étendue d'une manière à laquelle nous ne pensions pas le moins du monde. Cela commença à Dublin, pour se répandre dans les îles britanniques, en France, ... en Suisse, ... en Allemagne, en Hollande, au Danemark..., en Suède... plus récemment aux États-Unis, en Asie, en Afrique, et ailleurs.

...

J. N. Darby, Lettre 481

Ce jour-là, ils sont donc quatre à prendre les devants et à communier, avec le sentiment d'en avoir fini avec le monde dans lequel ils sont nés et la vie insignifiante et pervertie qu'ils ont menée. Ils ne font qu'un autour de la table rustique qu'ils ont dressée. Ils sont aux anges, le cœur et les sens à vif ; le temps déborde de partout, replie le passé et l'avenir sur le présent ; ils se sentent exister comme jamais, remués et apaisés, métamorphosés par cette décision qui les unit et les élargit au monde entier, les lie à tout et les délie de tout.

Ils goûtent à un mode de présence inédit, un *nous* qui les rapproche, où tout n'est qu'affirmation, justice et plénitude, universalité et liberté. Ils se retrouvent convertis, libres au milieu d'un jardin ouvert sur l'infini. La rupture est consommée. Les quatre amis ont satisfait au besoin de leurs âmes. Oui, ils sont de l'autre côté. Oui, tout peut enfin commencer. Ensemble.

Darby n'oubliera jamais ce moment vécu avec ses trois amis de Dublin – ou de Londres –, dont il s'emploiera tout au long de sa vie à préserver la force inaugurale, pour en faire autre chose qu'un hapax sans réplique ou un simple souvenir.

Mais il convient de ne jamais oublier ceci : l'expérience qui lance l'aventure de l'Assemblée des frères procède d'un *non* initial, d'un *non* au monde dans lequel les quatre amis de Dublin sont nés et ont grandi. C'est autour de ce rejet que le *nous* de l'Assemblée a vu le jour ; c'est ce *non* prononcé d'une seule et même voix qui a généré l'unanimité. Le *oui* est venu dans son sillage, comme de surcroît. Si bien qu'il n'est pas faux d'affirmer que l'histoire de l'Assemblée, son extension, ses succès comme ses échecs se confondent avec les efforts qu'a déployés l'Irlandais pour rester fidèle au recto et au verso de cette expérience : au *non* qui a conduit les quatre amis à verser le passé dans le passé et au *oui* qui les a ouverts à l'avenir. D'abord en la prolongeant comme un point d'orgue puis, lorsqu'elle aura perdu de son intensité, en organisant sa répétition sous une forme dérivée, ritualisée, seconde.

Darby et ses amis ont cru à Dublin qu'ils pourraient par la seule grâce de la négation se libérer du monde et accéder d'un unique coup d'aile à cet autre temps dont ils ont rêvé et qu'ils ont espéré, un temps recommencé, inentamé, sans tache, pareil à un tapis de neige un matin de janvier. C'est un leurre. Ils n'ont pas quitté le vieux monde les mains vides. Ils ont emporté avec eux tant de choses qu'ils ont eu tort de penser qu'ils avaient tiré un trait sur le passé. D'abord parce que l'Assemblée qui voit le jour à Dublin est à l'image de la communauté des premiers apôtres, telle qu'une certaine tradition la leur a transmise et à laquelle Darby et ses amis recourront pour justifier certaines de leurs décisions. Ensuite et surtout parce que les quatre amis emportent dans leurs bagages un faisceau de croyances, de représentations et d'attentes qui auront plus tard la vertu ou le défaut, c'est selon, de générer des divisions autant que des réconciliations.

Qu'importe ! Ce jour-là à Dublin, comme dans les jours et les mois qui ont suivi,

John Nelson Darby et ses amis n'en ont cure ; aucun d'eux ne s'enquiert de ce que leur bagage respectif contient. L'expérience religieuse qu'ils ont vécue n'appelle comme l'amour aucune explication ni justification, même scripturaire. Il en ira tout autrement lorsqu'ils se croiront obligés de fouiller dans les affaires de leurs voisins, de soulever le couvercle de cette boîte de Pandore qui, depuis toujours, accompagne et menace la vie des communautés. La légèreté et la confiance – la joie aussi – qui ont caractérisé les premières assemblées [1] laisseront place alors à la crispation et à la suspicion. Plus tard aux déchirements. À la guerre civile enfin.

---

1. Nous avons recouru à la typographie en usage chez les darbystes eux-mêmes pour distinguer les assemblées locales de l'Assemblée. Mais cette distinction ne doit pas nous conduire à penser que celle-ci serait une institution : l'Assemblée n'a d'existence qu'en chacune des assemblées disséminées sur la Terre. Elle est en acte et à tout instant en chacune d'elles ; et chacune d'elles est l'Assemblée.

Une très ancienne sagesse veut que nous jugions l'arbre aux fruits qu'il produit plutôt qu'à la graine dont il est issu. En effet, il ne suffit pas au paysan de choisir ses semences, il lui appartient encore de composer avec la qualité des sols, les ronces et l'appétit des moineaux, les feux de l'été et les pluies d'automne. Si bien qu'il en est des entreprises évangéliques comme des entreprises agricoles : nombreuses vivotent, quelques-unes se renouvellent, beaucoup vont au mur.

C'est dire que la fortune d'une aventure collective, religieuse ou spirituelle, sociale ou politique, n'est en aucune façon déterminée par la nature de l'expérience qui lui a procuré son élan et son motif. Aucune expérience n'est en soi, dans ce qu'elle met en jeu ou en branle, bonne ou mauvaise ; la même expérience peut conduire à la délivrance ou à l'asservissement des groupes, à leur perdition ou à leur salut.

Si donc je vous entraîne sur les traces de John Nelson Darby aujourd'hui, c'est parce que l'histoire de l'Assemblée m'est apparue comme le parangon des aventures communautaires qui, pleines de promesses au premier matin, se vident de leur substance avec le temps. La succession des événements qui l'ont traversée et transformée n'appartient donc pas en propre au champ du religieux ; on la rencontre *mutatis mutandis* partout où les femmes et les hommes se rassemblent pour donner un sens à leur vie et une cohérence à leurs idées ou à leurs convictions, à leurs certitudes ou à leurs actions. Aujourd'hui encore.

John Nelson Darby le confiera à la fin de sa vie – et nous n'avons aucune raison d'en douter : *… nous ne pensions pas que cela pût aller plus loin.* Cette déclaration va à l'encontre de l'idée très répandue selon laquelle Darby, dès le commencement, aurait été le marionnettiste de l'Assemblée et qu'il aurait tiré les fils de son histoire. L'Irlandais n'a en réalité de sa vie jamais suivi de plan, jamais agi non plus en stratège. Stratège il ne l'a été qu'en réaction, jamais par anticipation.

Si donc le premier cercle s'est ouvert à d'autres mécontents et a enclenché un mouvement d'appel, c'est parce que, et l'Irlandais l'a écrit, *les mêmes besoins ont fait suivre à d'autres le même chemin.* Il suffira que les quatre amis laissent les portes ouvertes et qu'ils ajoutent quelques chaises pour que le cercle s'agrandisse. Tant et si bien que la place manquera vite ; d'autres amis ouvriront d'autres lieux ailleurs, et on va voir se multiplier et fleurir sur les îles britanniques de nouveaux rassemblements.

Qui sont-ils ? Du point de vue doctrinal, disons qu'ils partagent les idées religieuses qui circulent dans la société de la première moitié du XIXe siècle. Ou, pour le dire autrement, le héros des *Lettres persanes* aurait affirmé sans hésiter qu'ils partagent le même Dieu et une même conception de ce qu'ils nomment l'Esprit saint ; qu'ils parlent sans cesse d'un soi-disant Sauveur et de sa passion, de la foi et du péché, du jardin d'Eden et de l'Apocalypse, de la Pentecôte…

Il y a bien sûr des nuances mais là n'est pas l'essentiel. Les amis et amies des premières assemblées ne manifestent à aucun instant le désir de demander ou de confier à quiconque ce qu'ils pensent de la grâce, du baptême ou des peines éternelles[2]. Ni

2. Il y aurait évidemment beaucoup à dire des particularités doctrinales de John Nelson Darby sur toutes ces questions et celles des dispensations, du règne terrestre du Christ après l'enlèvement du résidu fidèle, du Jugement dernier… Mais on l'aura compris, mes intentions sont ici moins de théologie que d'anthropologie.

les uns ni les autres ne souhaitent non plus connaître le nom de la communauté religieuse à laquelle ils ont été assignés à la naissance ou qu'ils ont rejointe au mitan de leur vie. On pourrait même dire que c'est parce qu'ils mettent au second plan ce qui les différencie qu'ils ne font qu'un.

Les adhérents des premières assemblées sont donc de provenances très diverses, ce sont des *miettes*, dira fort pertinemment une amie de Darby, mais des miettes auxquelles s'ajouteront d'autres miettes et qui, dispersées sur la terre, constitueront ce que Darby, après saint Jean et saint Paul, appellera le *résidu fidèle*.

Le résidu fidèle, c'est le grain sans l'ivraie, ce sont celles et ceux qui, parmi les femmes et les hommes, se sont affranchis des tutelles religieuses et des prêtres qui se satisfont du chaos du monde, en tirent bénéfices et s'en lavent les mains. Ce sont celles et ceux qui ont renoncé aux vaines querelles, aux honneurs et aux récompenses, aux mirages mais aussi aux plaisirs et aux distractions terrestres. Ce sont celles et ceux qui se tiennent debout, vainqueurs, sur les ruines des Églises moribondes et sur le vide creusé par les sceptiques et les mécréants. Ce sont celles et ceux qui chantent et célèbrent chaque dimanche l'unité retrouvée. Comment s'alerter devant tant de ferveur et de détachement mêlés ?

Il faut souligner encore que cette poignée de fidèles recèle une étrange propriété : ce n'est en effet ni une communauté ni une dissidence, mais un ensemble à bords flous ; un *nous* dispersé, un archipel au milieu du vacarme du monde : le centre y est partout et nulle part. À l'inconnu qui lui demande, au détour d'une conversation, le nom de l'Église qu'il souhaite rejoindre, Darby répond : « Aucune. Je n'ai rien à voir avec les dissidents. »

Et donc : la bienveillance règne pendant les premières années, malgré l'afflux et la variété des nouveaux arrivants. On se garde de toute action qui pourrait mettre en péril la bonne marche du mouvement. Surtout ne pas faire de vague. Ainsi Darby ne se retire pas formellement de l'Église anglicane et n'exige pas non plus que ses amis méthodistes et anabaptistes, catholiques ou piétistes se désolidarisent de leur communauté d'origine. Ces démissions en masse pourraient faire jaser et provoquer des remous. Surtout rester discrets.

Chacun est invité le dimanche, d'où qu'il vienne, à rompre librement le pain, proposer l'hymne de son choix, prier, lire un verset ou un psaume. L'Assemblée a indéniablement quelque chose de l'auberge espagnole ; il en ira tout autrement lorsque, quelques décennies plus tard, on exigera des adhérents en déplacement une lettre de recommandation pour être accueillis et participer à la Sainte Cène.

Au commencement donc, Darby et ses amis voient large, très large, et c'est un succès inespéré, une fête de l'esprit qui leur confirme que Dieu est bien présent au milieu d'eux et qu'il fait des miracles. Ce n'est pas surprenant puisqu'ils se soumettent tous à la seule autorité qui vaille, celle de l'Esprit saint, lequel agit au milieu d'eux comme le bon sens dans la société des honnêtes gens.

Les participants y obéissent cependant sur des modes très différents. Certains se sentent appelés, très personnellement, et prennent la parole à l'occasion de leurs rencontres ; les plus hardis lisent un passage des évangiles ou prient, les plus modestes proposent un chant. Beaucoup préfèrent se taire, les uns parce que la foule les paralyse, les autres parce que le silence en dit tout autant que de longs discours. Nous le savons, la variété des comportements et des sentiments n'a jamais été un obstacle à la solidité des liens ; son acceptation est même à la source de leur souplesse et de leur vitalité.

Mais nous savons également que les différences constituent une menace omniprésente à la cohésion des groupes. Ce sont elles en effet qui nous obligent à mettre en sourdine notre ego, à sourire des défauts de nos voisins comme de leurs hésitations et de leurs insuffisances. Ce mélange de bienveillance, de réserve et de candeur a certainement contribué au succès des premières assemblées. C'est lui qui a conduit leurs participants à ne jamais faire grand cas de leurs opinions ou, au moins, à ne pas en exagérer la portée. Si Darby expose volontiers les siennes, c'est en privé, car jamais elles ne doivent être l'occasion de divisions. Bref, on préfère la lecture des textes sacrés à l'originalité de leur interprétation, leur paraphrase à la trouvaille brillante, la citation à la formule qui fait mouche.

Et si un incident survient, les fidèles de la première heure ont appris à laisser agir l'Esprit saint qui a tôt fait de dissiper les nuages. À ses correspondants qui lui confient les difficultés que leur assemblée traverse, l'Irlandais prodigue toujours le même conseil : « Patience ! L'Esprit saint y pourvoira. » Et longtemps il y a pourvu.

Le cercle est si vertueux que la croissance est au rendez-vous ; de nouvelles assemblées voient le jour sur les îles britanniques, bientôt sur le continent, à New York et Toronto ; plus tard à Melbourne, Auckland et Kingston. Si Darby et ses amis s'en réjouissent, les Églises en place regardent d'un très mauvais œil leurs fidèles rejoindre ces nouveaux venus de la scène religieuse européenne, séduits par le vent de liberté qui y souffle. Elles n'hésitent pas alors à user de l'étiquette de *darbyste* pour les cibler plus aisément et désigner ce dangereux concurrent qui possède l'art de siphonner leurs établissements. Darby aura beau s'en défendre, arguer qu'il n'y est pour rien et que ce sont les prêtres et leur hiérarchie qui sont responsables de la désaffection de leurs églises, ses adversaires n'en démordront pas : Darby est bel et bien le chef de file de l'Assemblée.

Toutes les précautions qu'il aura prises pour ne pas apparaître comme un maître à penser n'auront donc pas suffi. L'Irlandais aura beau répéter que l'Esprit saint est le seul maître à bord et qu'il n'est lui-même qu'un fidèle parmi les fidèles, signer par les seules lettres J.N.D., ne laisser à la postérité que deux ou trois portraits et quelques rares témoignages personnels, il sera bientôt identifié comme la seule tête pensante et le cerveau d'un groupe dûment repéré dans le paysage religieux.

Ce sont donc ses adversaires qui, par cette assignation, ont fait de Darby le père de la grande famille darbyste. Et c'est par cet acte de langage que la jeune Assemblée est entrée dans une ère nouvelle, celle des frères et des sœurs. Fini les amis, oubliés John Gifford Bellett, Edward Cronin et Francis Hutchinson. Le résidu fidèle partage désormais un seul et même sang. Adieu le métissage, adieu l'amitié !

Car cette place honnie par les premières assemblées, malgré tous ses dénis, l'Irlandais l'a bel et bien acceptée et occupée. S'il n'a cessé de la décliner formellement, jamais il ne l'a refusée dans les faits, à l'image de ce maître zen qui, s'avisant qu'il constituait le principal obstacle à la vérité et à l'épanouissement de ses disciples, s'était éloigné d'eux, puis enfui, avant de disparaître pour toujours dans les montagnes. Quant aux amis et aux amies de l'Irlandais, s'ils ne se sont pas opposés à cette intronisation, c'est évidemment parce qu'elle n'était pas sans bénéfice. Elle les soulageait d'un grand poids en leur donnant l'occasion de reporter leurs hésitations sur les épaules de cet homme providentiel – caution et porte-drapeau – qui les représenterait et parlerait en leur nom.

Beaucoup de fidèles ont profité de ce tour de passe-passe pour se placer sous la tutelle de Darby et ainsi se dispenser du difficile exercice de la liberté. Mais comment le leur reprocher ? Ils n'ont fait que céder, en toute bonne foi, à ce mixte de confiance et d'anxiété qui nous habite et nous aide à vivre, ce penchant presque naturel, aveugle et souvent malheureux, qui nous incite à confier le sens de nos entreprises, et parfois même de nos vies, à un leader et aux lumières qu'on lui prête.

Paradoxalement, les succès comptables de l'Assemblée n'inquiètent pas seulement les dignitaires des Églises en place mais John Nelson Darby lui-même : les salles combles et la multiplication des lieux de réunion ne sont en effet pas sans effets sur les pouvoirs de l'Esprit saint. Celui-ci s'y sent souvent mal à l'aise et agit à contre-temps. Pire, il perd quelquefois ses moyens et fait faux bond.

Il existe des seuils au-delà desquels ce qui fonctionnait sans accroc dans les petits groupes montre des signes de nervosité dans les grands. Nous en avons tous fait l'expérience un jour ou l'autre. Ainsi ces petites différences dont on souriait lorsque nous étions deux, trois ou quatre autour d'une table, que l'on apprivoisait d'un simple clin d'œil, deviennent, sans que l'on sache exactement pourquoi, des occasions de dispute ou même de scandale.

Il suffit par exemple qu'un dimanche, sur un pas de porte ou dans un couloir, un frère laisse échapper un propos hésitant, obscur ou équivoque pour que le doute s'instille. Le propos est dit, redit, rapporté, colporté, interprété et déformé, tordu, repris, nié ; il fait tache d'huile et agit comme un poison. Quelque chose s'est détraqué. Le mot a réveillé d'anciennes craintes, d'anciennes représentations ou d'anciens présupposés, ceux dont Darby et ses amis avaient cru pouvoir se débarrasser à Dublin en disant *non* au passé et en s'embarquant pour le Nouveau-Monde. Les fantômes de l'ancien sont en réalité de retour, ils ont passé clandestinement la frontière. Il va falloir désormais composer avec et, d'une manière ou d'une autre, serrer la vis.

Faut-il discipliner le fonctionnement des assemblées, les fédérer, organiser des tours de paroles, rédiger un livre des bornes et des déviances pour assurer la cohérence doctrinale de l'Assemblée ? Ou au contraire laisser à chacune le soin de régler les problèmes qui surviendraient, avec les conséquences qu'une telle décision pourrait entraîner du point de vue de l'unité ?

John Nelson Darby militera toujours pour la seconde solution et mettra tout en œuvre pour ne jamais avoir à limiter l'action de l'Esprit saint. Interdire la tribune, légiférer, contrôler, normaliser, clôturer, ce serait revenir aux mauvaises habitudes de l'Église apostasiée dont l'Assemblée s'est affranchie pour exister. John Nelson Darby restera fidèle à cette idée jusqu'à la fin.

On comprend dès lors pourquoi il refuse d'entrer en matière lorsque des frères de Londres proposent des rencontres transversales afin de coordonner les affaires des vingt communautés londoniennes et leurs trois mille membres. Idem à Genève, après qu'il y débarque en 1837 – pour y étendre son œuvre – et qu'il découvre la communauté du Bourg-de-Four, une communauté marquée par le mouvement piétiste et qui se réunit sans conducteur attitré. Elle lui fait immédiatement penser au premier jour de l'assemblée de Dublin, l'eau y coule pure, débarrassée des lourdeurs de la théologie, l'esprit y est chaleureux. Il y retrouve l'amitié, s'y plaît et y participe activement.

Mais il doit bientôt déchanter. Plusieurs frères regrettent que l'Esprit saint ne parvienne plus à garantir la cohérence doctrinale des rassemblements qui se multiplient autour de Genève. Il y a des fuites, la cacophonie guette. Pourquoi ne pas mettre en place un synode ou un conseil des anciens ? Darby montre sa désapprobation et condamne sans appel cette initiative qui renouerait avec les déplorables habitudes de l'Église.

Darby argumente, essaie de convaincre, rien n'y fait, le désaccord se prolonge. En 1842, à bout d'arguments, il décide que la comédie doit cesser ; il claque la porte du Bourg-de-Four et file à Lausanne avec ceux qui le soutiennent. Ils y seront accueillis les bras ouverts et participeront à la naissance de nouvelles assemblées dans les villes et les villages de l'arrière-pays vaudois.

Rien n'est pourtant réglé. Comment prolonger cette aventure que le succès sans cesse menace ? Comment répondre aux manquements de l'Esprit saint et, simultanément, rester fidèle à l'esprit de Dublin ? Comment rétablir l'unité du résidu fidèle lorsqu'il se disperse ? Bref, comment serrer la vis sans en donner l'impression ? C'est la quadrature du cercle.

Seule la vérité contenue dans les textes sacrés, auxquels Darby s'est interdit de recourir jusque-là, peut accomplir ce miracle. C'est une vraie martingale à laquelle l'Irlandais a plus d'une fois songé mais dont il s'est refusé de faire usage. Et s'il s'y résout désormais, ce n'est pas, et sur ce point il demeurera inflexible, dans l'intention d'écarter les ignorants ou les pauvres d'esprit mais dans celle de se débarrasser de ceux qui y recourraient dans le seul but de diviser, prendre l'ascendant sur la communauté et satisfaire leur soif de gloire. Les assemblées continueront donc à croître par inclusion de fidèles issus de tous horizons mais n'hésiteront plus à écarter ceux qui, par leur comportement ou leurs idées, mettront en danger leur unité.

On devine la difficulté : pour que ce recours à la vérité atteigne son but, il est nécessaire que celle-ci soit de telle nature que celui qui y recourrait ne devienne pas à son tour suspect de la manipuler pour servir ses propres intérêts. Fort heureusement il n'existe aux yeux de Darby qu'une vérité, la vérité scripturaire, qui est attachée au texte comme le recto au verso d'une pièce de monnaie.

Impossible de la distinguer de la langue par laquelle elle transite, de l'appréhender autrement que par les mots qui la révèlent. Impossible donc de la manipuler, de la contourner ou de ruser avec elle, de croire que l'on peut s'en saisir et en user comme d'un outil ou d'une arme. Elle est à la lettre insaisissable, immanente aux pleins et aux vides, aux mailles et aux nœuds des mots qui la véhiculent.

La vérité n'est essentiellement que citation prise dans un réseau de citations, auxquelles il convient de ne rien ajouter ni retrancher. Elle se confond avec le texte écrit jadis par des hommes remplis de l'Esprit saint. Elle est à la lettre indifférente au changement, sourde aux interprétations, indépendante des moments et des circonstances de son énonciation. Elle est définitive et intangible, tautologique. Seule sa reprise littérale ne la trahit pas. La dire, c'est la lire telle qu'elle est écrite.

Et si la signification des textes demeure parfois mystérieuse, c'est en raison de leur nature divine ; les difficultés et les contradictions apparentes sont en réalité l'expression de nos limites. Les obscurités contre lesquelles butent le lecteur ou le traducteur doivent elles aussi être transcrites et traduites, littéralement.

C'est à cette vérité-là que Darby en appellera désormais pour résoudre les crises, faire taire les discussions et rassembler la communauté. Elle n'a évidemment plus l'immédiateté et l'âpreté de l'expérience religieuse vécue à Dublin avec ses amis John Gifford Bellett, Edward Cronin et Francis Hutchinson, mais elle offrira aux frères et sœurs du résidu fidèle des bénéfices comparables.

John Nelson Darby a fait sien, lui aussi, l'adage des réformateurs du XVIe siècle : *sola scriptura*. Mais s'il en appelle au Livre et à la vérité scripturaire, ce n'est plus tant pour les arracher des mains du clergé et les remettre aux mains des fidèles, mais pour en contrôler l'usage et assurer, par une seule et même opération, la cohérence doctrinale et la cohésion collective de l'Assemblée.

Tout est en place, le matériel comme le dispositif. Darby est prêt à répondre aux crises qui pourraient survenir et, simultanément, à cet autre danger auquel on ne songe jamais assez, lui aussi chronique, qui rôde et menace les collectifs quels qu'ils soient, communautés religieuses, clubs de supporters, associations de malfaiteurs ou cercles d'écrivains : l'ennui.

Tous les groupes en font l'expérience, s'ils ne s'ouvrent à l'imprévu et au renouvellement, ils étouffent. C'est pour remédier à cette fatalité qu'ils recourent, sans en être toujours conscients, à une stratégie apparentée à celle du *blocus relâché*, dont l'oncle de l'Irlandais, le vice-amiral lord Nelson[3], a usé avec succès à Trafalgar en 1805.

Cette stratégie repose sur l'idée simple qu'il est nécessaire de baisser la garde si l'on veut fêter des victoires et, *in fine*, gagner la guerre. Dans quelque domaine que ce soit, les communautés se doivent de mettre en jeu leur intégrité si elles veulent durer. Ce sont les batailles qui nourrissent leur histoire, alimentent leur mémoire et garantissent leur avenir. Ce processus rendu familier par les travaux de René Girard a tourné à fond au sein de l'Assemblée des frères. Mais ayant décidé, dès le commencement, d'exister en marge des institutions de leur temps, s'interdisant même tout contact avec elles, les frères et les sœurs ont dû se satisfaire d'ennemis issus de leurs propres rangs, si bien que les crises qui ont scandé leur histoire ont conduit à des guerres civiles plutôt qu'à des guerres intercommunautaires ou de conquête.

---

3. On raconte que le vice-amiral lord Nelson est le parrain de John Nelson Darby et qu'il l'a porté sur les fonts baptismaux. Ce point est discuté.

John Nelson Darby n'est pas aussi pragmatique que le vice-amiral lord Nelson mais il n'est pas un enfant de chœur : si les crises, évidemment, ne sont pas souhaitables, elles génèrent lorsqu'elles se présentent des bénéfices considérables. Elles constituent le meilleur des remèdes à l'indifférence, ce sont elles qui obligent les fidèles dont la discipline ou la ferveur s'est relâchée à resserrer les rangs. À ses correspondants qui se plaignent des situations critiques dans lesquelles se trouve leur assemblée, Darby n'hésite pas à répondre que c'est en réalité une chance, un don de Dieu, et qu'ils doivent s'en réjouir.

Il n'a certainement pas oublié que c'est au moment même où lui et ses trois amis de Dublin ont dit *non* aux institutions religieuses de leur temps que leur aventure a commencé. Se liguer contre une menace, c'est donner au collectif qui somnole l'occasion de se refaire une santé. C'est en traversant périodiquement des événements critiques que l'Assemblée prolongera son histoire. Elle n'a pas à les craindre mais se doit d'être à même de désigner, au moment voulu, à l'instant même où tout semble perdu, les responsables de la division qui menace.

L'anthropologie tend à confirmer que les crises constituent le principal ressort de la vie des collectifs mais aussi de nos existences individuelles. Ni l'Assemblée ni John Nelson Darby n'y échappent. Nous nous sommes tous réjouis un jour – n'est-ce pas ? – de ce que tel événement contraire, fâcheux, douloureux, a rendu possible. Ne nous donne-t-il pas l'occasion de nous ressaisir, de faire preuve de courage, de nous réconcilier avec nos proches et, parfois même, de renouveler notre compréhension des choses ?

Rester fidèle à l'esprit de Dublin, laisser à l'Esprit saint les coudées franches, reconnaître la double valeur des crises, réveiller la ferveur lorsqu'elle tarit et recourir à la vérité scripturaire pour trancher lorsqu'il le faut, tel est désormais le cahier des charges de John Nelson Darby. Des exigences somme toute partagées par tout un chacun : honorer quotidiennement nos engagements, user du bon sens chaque fois que cela se peut, répondre aux coups durs lorsqu'ils surviennent, resserrer nos liens, organiser des fêtes et, en dernier recours, si nécessaire, faire appel au juge de paix.

On ne s'étonnera donc pas que les crises se soient succédé au sein de l'Assemblée et aient constitué l'essentiel de son histoire après les ruptures de Londres et du Bourg-de-Four. Et si la première a fait date, c'est parce qu'elle présente en un raccourci saisissant, transparent, épuré, le fonctionnement de toutes celles qui l'ont suivie. Aujourd'hui encore.

La crise née à Bristol en 1848 porte sur la question de la nature des souffrances – humaines ou divines – du Christ sur la croix. Ce vieux problème théologique, qui sommeille depuis des lustres, a fait son retour sur le devant de la scène. Pourquoi ? Personne ne se l'explique. Ennui ? Baisse de ferveur ? Provocation ? Ambition ? Un peu de tout cela certainement. Quoi qu'il en soit, le problème mobilise du jour au lendemain l'ensemble des forces de l'Assemblée, comme si son examen ne pouvait souffrir le moindre délai supplémentaire.

John Nelson Darby, fidèle à l'esprit de Dublin, a beau répéter que les souffrances du Christ ne devraient pas constituer une occasion de division, il prêche dans le désert. Un petit groupe rédige de son côté, dans l'urgence, un compromis honorable ; d'autres, plus pragmatiques, proposent de différer la résolution d'un problème qui a su attendre jusque-là. Car enfin, il n'y a pas le feu.

En vain, rien n'y fait, la question revient comme un yo-yo ou le sparadrap du capitaine Haddock dans *L'Affaire Tournesol*. La crise s'étend ; la moindre opinion fait circuler le poison, la division menace chaque jour davantage. Les esprits s'échauffent ; pompiers et pyromanes attisent le feu. Le Saint-Esprit se montre incapable de calmer le jeu. La crise devient chronique, plus aucun accord ne semble possible.

C'est rare, mais Darby est sur le point de s'énerver : si ça continue, il ne va rien rester du résidu fidèle, pas même des miettes. Un vent de panique souffle, la crise est générale. Le terrain semble miné où que l'on mette les pieds. Chacun regarde à gauche et à droite, cherche à savoir quoi penser, d'où vient et où souffle le vent, qui suivre et qui écouter. On interroge son voisin qui se garde bien de répondre, inquiet d'être soupçonné de nourrir le sinistre. Une paralysie lente, sournoise, gagne les esprits. L'Assemblée a perdu le nord, l'Esprit saint ses moyens. Le danger est au plus haut, les frères et sœurs au plus bas. Tohu-bohu, c'est l'anti-Pentecôte. À l'aide, au secours !

Chacun lance un dernier appel au bon sens. Rien. Pire. Le désordre s'ajoute au désordre, le bruit au bruit, le chaos au chaos. On ne va décidément pas s'en sortir. Il faut que tout cela cesse avant qu'il ne soit trop tard. Effroi, silence encore, silence pesant, silence de néant. Silence dépressionnaire d'avant l'apocalypse.

Pourquoi les frères et sœurs n'ont-ils pas immédiatement refermé cette boîte de Pandore ? Pourquoi ne se sont-ils pas enfuis ? Certains y ont certainement songé mais pour aller où ? Il n'y a pas de dehors à l'Assemblée, aucune issue de secours. Le résidu fidèle ne s'est jamais donné d'avenir terrestre ni de projet mondain. En disant *non* au passé et au monde, il ne s'est inscrit dans aucune histoire. Voilà pourquoi, à Bristol, il a été impossible à quiconque de s'enfuir ; les frères et sœurs sont restés bloqués dans leur forteresse.

Mais l'Irlandais a gardé la tête hors de l'eau et ne se départit pas de son pragmatisme, une franche division est préférable à une guerre interminable. Il inspire, expire, inspire encore, surtout rester calme et ne pas perdre de vue l'essentiel : l'unité et la vérité.

Rappelons-nous, l'Irlandais est un très bon traducteur et un très fin lecteur. Il travaille depuis ses plus jeunes années à annoter chacune des pages intercalaires de son *Novum Testamentum Graece*, à relever pour chaque verset ceux qui lui font écho ou y renvoient. Ce travail n'aura pas été vain. Sa connaissance des deux testaments et ses traductions de l'hébreu, du grec et du latin à l'anglais, à l'allemand et au français, lui donnent l'avantage de s'y référer plus vite qu'à son tour et de trouver avant les autres le réseau serré de citations susceptibles de répondre à une situation proprement tragique.

Ni une ni deux, il sort son *Novum Testamentum Graece* et, assisté de l'Esprit saint, brandit les textes providentiels. Ce n'est pas de l'esbroufe. Voilà ! Et il met la vérité sous les yeux de tous, sous la forme d'une nuée de citations, une collection de références et de correspondances indexées par une combinaison de chiffres – livre, chapitre, versets. Ce n'est pas de la poudre aux yeux, c'est la vérité vraie, littérale et scripturaire, il n'en est qu'une qui n'est ni à caution ni négociable.

L'affaire n'est pourtant pas gagnée ; les contradicteurs de l'Irlandais puisent aux mêmes sources et brandissent les mêmes textes pour en tirer des conclusions opposées. C'est un bras de fer, un jeu de puissance. Qui va faire pencher la balance ? Qui va céder ? Qui va rester ? Qui va s'en aller ?

Les tièdes et les anonymes, les timides et les taiseux se gardent du moindre geste. Ils suivent angoissés la passe d'armes et attendent l'issue de la bataille. Beaucoup ont peur, comme nous avons eu peur dans des cas analogues, paralysés par l'enjeu, angoissés à l'idée que tout pourrait s'effondrer. Personne ne comprend plus rien à rien, chacun ne souhaite en réalité qu'une chose, que tout cela cesse, qu'on en finisse une fois pour toutes avec cet état dépressionnaire chronique. Au diable les souffrances du Christ ! S'il vous plaît, écoutez-nous, grâce, *please*, un peu de paix !

L'Irlandais entend l'appel et prend les devants ; il rédige à la hâte le texte providentiel, c'est un acte d'exclusion : que les frères, les sœurs et les assemblées qui s'opposent à la vérité scripturaire que voici, écrite dans les textes sacrés sous la dictée de l'Esprit saint, se retirent séance tenante sous d'autres cieux, de même que toutes celles et tous ceux qui ne les excluraient pas à leur tour. Que tous rejoignent les rangs de l'Église apostasiée et que seuls les élus demeurent !

C'est très exactement ce qui a lieu, sans que l'on connaisse les raisons de chacun : tiédeur des uns, peur, ambition des autres, conviction, orgueil. Qu'importe, le résidu fidèle reste, les dissidents s'en vont et les portes de l'Assemblée se referment autour de Darby. Le tohu-bohu s'éloigne immédiatement, les fidèles se regardent, le calme et les sourires reviennent, Hosanna, c'est un vrai miracle, on a frôlé le désastre, l'unité et la vérité sont sauves, ensemble et au même instant.

Le sacrifice aura été exorbitant mais l'Assemblée a triomphé. La vérité brandie comme un glaive a séparé le grain de l'ivraie, le groupe des élus de celui des réprouvés. La paix retrouvée en est la preuve vivante. L'affaire est close ; l'aventure de l'Assemblée, même amputée de moitié, peut continuer. Quant à la question de la nature des souffrances du Christ, on l'aura compris, elle est en réalité tout à fait secondaire ; elle a donné l'occasion aux vainqueurs de resserrer les rangs et aux vaincus d'aller voir ailleurs.

John Nelson Darby, qui a toujours contesté à quiconque le droit de s'arroger des droits, conformément à l'esprit de Dublin, a trouvé la parade : l'exclusion de Bristol n'est pas son œuvre ni celle d'une poignée d'individus mais, formellement au moins, celle de l'Assemblée dans son ensemble, assistée de l'Esprit saint et de la vérité scripturaire.

Est née de cette controverse une division qui fera date : d'un côté Darby et ses partisans, qui constitueront le canal historique des frères exclusifs, ou étroits ; de l'autre la nébuleuse des frères larges, ou dissidents, qui ne se résoudront pas à rejoindre l'Église apostasiée. Les premiers excelleront tout particulièrement dans l'application de cette logique d'exclusion à large spectre, collective et immédiate, qui caractérise aujourd'hui encore ceux que l'on appelle darbystes.

Plus rien de neuf après Bristol, l'aventure de l'Assemblée a trouvé son rythme de croisière, jusqu'à la mort de John Nelson Darby. Trente années au cours desquelles celui-ci ne ménagera pas ses efforts. Il lit, relit, traduit et traduit encore, indexe, annote, commente et rappelle ce qui est écrit dans les deux testaments. Il se met à la disposition de tous, participe à des conférences et au règlement des crises qui surviennent, répond à ses détracteurs par retour de courrier, répétant toujours la même ritournelle : il n'est pour rien dans les succès des assemblées, il ne fait que relayer la vérité qui repose intacte dans les livres saints.

Ses voyages aux quatre coins du monde lui permettent de fonder de nouveaux comptoirs et de gagner de nouvelles parts de marché. Il court les îles britanniques, la Suisse, la Drôme et l'Ardèche, les Cévennes, l'Allemagne, les Pays-Bas, l'Italie, mais aussi, je l'ai dit, l'Amérique, l'Australie, la Nouvelle-Zélande, les Caraïbes. Jusqu'à sa mort.

Ce ne sont pas des voyages d'agrément mais des travaux de maintenance. Il se plaint ici du peu de ferveur et se réjouit là de nouveaux adhérents. Chaque fois il reprend la route, formule une question, se penche sur un point de détail, rappelle s'il le faut à ceux qui l'auraient oublié les peines éternelles, cite un verset de l'Apocalypse. Aucun répit, l'établissement de la vérité scripturaire, contrairement à ce que l'on croit, a un coût. Mais elle seule garantit l'unité à laquelle il a rêvé depuis le commencement et rêvera jusqu'à la fin.

Je ne suis pas loin de penser que, depuis Bristol, la bataille quotidienne à laquelle l'Irlandais se livra pour maintenir coûte que coûte l'unité du résidu fidèle, sans bâillonner l'Esprit saint, n'aura été qu'un impossible détour pour retrouver cet instant de grâce vécu avec ses amis de Dublin. Victime de sa volonté d'en assurer le retour, les obstacles qui se sont présentés l'en ont toujours davantage éloigné et l'ont conduit à mener, en définitive, non pas une vie religieuse mais une vie de labeur et de peines, très banale et très ordinaire. Ses dimanches ont ressemblé à des jours ouvrables.

En 1878, John Nelson Darby passe quelques jours dans la petite ville d'Aigle en Suisse. Au moment du départ, sur le quai de la gare, il jette un coup d'œil aux Dents-du-Midi puis se tourne vers ses hôtes qui lui souhaitent un bon retour. En leur montrant du doigt le ciel, il leur donne rendez-vous dans la Jérusalem céleste.

Quatre ans plus tard, l'Irlandais entrevoit le bout du tunnel. Il monte seul dans le train à Londres pour Bournemouth, ce sera son dernier voyage. Cent kilomètres à cent à l'heure ; les paysages changeants l'inquiètent ; les variations de lumière ne le rassurent pas. Les croix qui peuplent la campagne lui rappellent la croix du Calvaire. Quant au soleil qui le réchauffe, il n'est qu'une pâle image de l'autre soleil. Non ! il n'y a aucune raison de se réjouir sur terre, il n'y a rien à en attendre, la tristesse est la seule joie sûre et véritable. La mort règne partout, la beauté du monde n'est qu'une trompeuse distraction et le sang de la croix coule où que l'on soit. Il n'est de repos, écrit-il, qu'au ciel.

Il s'installe chez des amis au bord de la mer ; ses forces baissent, la paralysie le gagne et le condamne à employer la main d'autrui pour écrire qu'il ne peut plus utiliser la sienne. Dès le mois d'avril il perd l'appétit.

Ses hôtes notent mi-avril que l'Irlandais sourit comme un oiseau sur le point de s'envoler. Il meurt à l'aube du 29 avril 1882. Les funérailles ont lieu le mardi suivant. C'est une magnifique journée de printemps, de nombreux frères sont venus lui rendre hommage, son chemin de croix est terminé. Quant à l'Assemblée, elle continuera sans lui.

La mort de John Nelson Darby n'a guère eu de conséquences sur le fonctionnement des assemblées si bien qu'en ce sens, mais en ce sens seulement, il est parvenu à se faire oublier. L'Assemblée a su en effet composer avec chacune des crises qui se sont succédé après Bristol.

Il en est deux sur lesquelles je voudrais toutefois revenir, d'abord parce qu'elles sont nées à Lausanne, dans le local où, enfant, je m'asseyais le dimanche avec mon père, mais aussi parce que ces deux crises nous font voir avec une netteté sans pareil la tonalité tragique de leur déroulement.

Oui, il arrive que nos collectifs perdent la tête, que le moindre mot ou le moindre geste provoque des tempêtes qui les conduisent aux portes des enfers et même, lorsque le mauvais œil s'en mêle, les y précipitent.

La première crise démarre en 1945, lorsque les frères de Lausanne apprennent par une lettre anonyme qu'un des leurs, Gaston Racine, a commis l'irréparable en communiant avec un pasteur de l'Église nationale dans un orphelinat de La Côte. L'affaire est d'autant plus grave que son auteur est un frère à l'œuvre, c'est-à-dire un frère qui consacre sa vie à la communauté ; s'il n'y exerce formellement aucune autorité, il a un rôle essentiel : il fait circuler les enseignements dans les différentes assemblées, s'assure qu'ils sont bien compris et les rectifie au besoin ; c'est une espèce de factotum, ou de truchement de l'Esprit saint qui reçoit en échange de son travail les dons de frères riches ou moins riches, et une partie des collectes dominicales. Racine ne s'en est pourtant jamais caché et l'a confié à plusieurs reprises à ses amis : l'interdiction de communier avec les adhérents d'autres Églises lui semble aberrante et contraire à l'esprit de Dublin.

De mauvaises langues raconteront plus tard que cette crise a été provoquée, en réalité, par quelques frères décidés à se débarrasser, sans difficultés ni effets collatéraux, d'un frère trop brillant et trop influent à leur goût.

Après enquête, son exclusion est décidée en mars 1947. Bon joueur, Racine ne dépose aucun recours, accepte le verdict et se rend à Nice où il poursuit en indépendant son œuvre missionnaire, en ouvrant Le Refuge, une maison consacrée à l'accueil, au culte et à l'évangélisation. Tout le monde pense que l'affaire est close et que Racine ne représente plus aucun danger pour la cohésion de l'Assemblée.

On se trompe. Son influence continue de planer. Le séjour d'un frère et d'une sœur dans le Midi en témoigne et relance la controverse. Robert Mudry et son épouse font en effet escale à Nice en août 1949 et profitent de saluer Gaston Racine, leur ami, qu'ils n'ont pas revu depuis son exil mais dont ils apprécient la gentillesse et la générosité. L'impensable alors se produit : cette visite est dénoncée quelques jours plus tard dans une nouvelle lettre anonyme adressée à l'assemblée de Lausanne.

Hélène et Robert Mudry sont atterrés. Ils regrettent qu'un événement aussi insignifiant, un apéritif qui, je le sache, n'est pas une communion, provoque autant de remous. Ils rappellent en outre, pour leur défense, qu'ils n'ont à aucun moment pris l'engagement de ne jamais revoir leur ami et qu'ils n'ont donc failli à aucune promesse. Ils espèrent que cette mise au point suffira et que la tempête s'apaisera. Ce n'est pas le cas, les frères de Lausanne leur écrivent qu'il est urgent d'agir avant qu'il ne soit trop tard et que le résidu fidèle soit blessé à mort. L'Assemblée est en grand danger.

Hélène et Robert Mudry sont mis en quarantaine et désespèrent quand six frères et six sœurs, contre toute attente, viennent à leur secours en manifestant publiquement leur désaccord : la coupe est pleine, non seulement ils s'opposent au retranchement de Robert et Hélène Mudry mais exigent la réhabilitation de leur ami Gaston Racine.

La bataille est relancée, mais les frères de Lausanne demeurent inflexibles ; ils font le point le 13 novembre 1949 et rédigent une lettre à l'accent tragique qui énumère les raisons particulièrement graves de l'exclusion de leur frère Gaston Racine qui, en communiant avec de faux chrétiens, a nié l'unité des assemblées. Ils rappellent ensuite, en choisissant soigneusement leurs mots, que ceux qui ont maintenu des relations d'amitié avec l'excommunié ont fait preuve d'insoumission et de rébellion. Ils concluent qu'il est nécessaire de purifier la communauté d'un mal qui non seulement la souille mais l'entraîne vers la ruine.

Les accusés contre-attaquent : Gaston Racine n'est pas un méchant au sens de l'épître aux Corinthiens, ni un faux docteur ; son exclusion ne se fonde sur aucune base scripturaire. Ils condamnent donc non seulement ceux qui prendraient des mesures contre Robert Mudry et Hélène, mais contre tous ceux qui ne réhabiliteraient pas Gaston Racine.

Les frères de Lausanne se réunissent le dimanche 30 avril 1950 et, le 7 mai, rédigent une lettre qu'ils adressent aux infidèles[4]. Tous sont exclus en raison de leur insoumission, rendue évidente par l'inutilité des exhortations qui leur ont été adressées. Navrés, douloureusement déçus de n'avoir jamais perçu aucun repentir, ils espèrent que le retranchement les fasse changer d'avis.

On ignore quelles assemblées ont apporté leur soutien aux Mudry, aux Racine et à leurs amis, ni leur nombre. Mais ce que l'on sait, c'est que ni Racine, ni les Mudry, ni leurs amis ne réintégreront l'Assemblée.

Coup de théâtre quarante ans plus tard, nous sommes le lundi 23 septembre 2002, deux frères sonnent au domicile des Mudry. Ce n'est pas Robert qui leur ouvre la porte puisqu'il est mort, mais Hélène. Qu'importe, il n'est jamais trop tard. Ils lui confient, à elle et à sa fille Gabrielle, qu'ils ont pris conscience de leur folie et les prient d'accepter leur demande de pardon.

---

4. Il faut noter que, parmi les signataires de cette lettre d'exclusion, figure un certain Henri Chabloz, qui ignorait alors, évidemment, qu'il serait un jour victime d'excommunication. Il s'en souviendra au lendemain de sa mise à ban en 1960, au terme de la seconde affaire qui va nous occuper, et enverra une lettre de sympathie à ses victimes d'alors, Hélène et Robert Mudry.

Le lendemain de cette entrevue, l'assemblée envoie une lettre à la mère et la fille, dans laquelle elle dit se réjouir de l'accueil qu'elles ont réservé à ses ambassadeurs. Cette visite lui a permis de se décharger enfin, dans un esprit de repentance et d'humiliation, du terrible fardeau que les anciens lui ont légué. Pour fêter cette réconciliation, les frères et sœurs de Lausanne souhaitent rétablir la communion interrompue et invitent la mère et la fille à s'asseoir à nouveau à leurs côtés. La démarche les convainc ; Hélène et Gabrielle sont prêtes à accorder leur pardon et se rendent le dimanche suivant au local où elles sont accueillies et communient. Elles n'y retourneront pourtant plus, le pardon n'efface peut-être pas tout.

Ce besoin de réparation montre à l'envi que beaucoup d'eau a coulé sous les ponts et que l'assemblée de 2002 n'est plus celle de 1945. Elle a élargi considérablement ses vues, révisé notamment le statut des sœurs et glissé sans faire de bruit dans le camp des frères larges.

Cette histoire fait sourire, mais je crains que nous n'en ayons pas fini avec de tels égarements. Il est en effet des circonstances fort communes, banales, où la folie guette et où la situation devient si désespérée que le moindre incident – le moindre mot, le moindre signe, le moindre regard, la moindre familiarité – nous précipite dans l'absurdité. Fort heureusement il en est d'autres qui nous en tirent. Miraculeusement.

Le dimanche 28 août 1960, le gamin que je fus aurait certainement pu témoigner de l'ordre et de la ferveur qui habitaient le cœur des fidèles, même si celle-ci n'était qu'une pâle copie de celle qui animait le petit groupe de Dublin. Il n'en restait pas moins quelque chose, et leur certitude que la vérité scripturaire était de leur côté n'était pas feinte.

En revanche, ce même gamin aurait été bien en peine de repérer sur leurs visages les traces du profond désordre dans lequel la lecture ruineuse de l'un de leurs frères les avait précipités ni des batailles qui s'étaient ensuivies. C'est pourtant ce dimanche-là qu'une lettre mit un point final à une crise qui n'avait que trop duré.

La discrétion des frères exclusifs a toujours joué en défaveur de l'étude de leur mouvement, si bien que l'affaire Henri Chabloz, du nom de son instigateur, est assez mal documentée. Les frères de Lausanne ne possèdent pas d'archives ou, peut-être, préfèrent ne pas les rendre publiques. J'ai rencontré pourtant, dans le camp des excommuniés, quelques témoins qui ont bien voulu me parler et me confier les documents qu'ils avaient mis de côté.

La question des peines éternelles n'est pas nouvelle, elle fait l'objet de débats animés tout au long du XIXe siècle et de la première moitié du XXe, aussi bien en Europe qu'aux États-Unis. Les journaux relaient les invitations des théologiens et des prédicateurs à en discuter, à Lausanne comme à Boston, Genève ou Paris : *Y a-t-il des peines éternelles ? Pouvons-nous croire à l'existence des peines éternelles ? Que faut-il penser des peines éternelles ?*

Les darbystes ne sont pas en reste et rappellent à plusieurs occasions leur position : John Nelson Darby évidemment, mais aussi William Kelly, Charles Henry Mackintosh, André Ladrierre, Henri Rossier et Samuel Prod'hom, le frère à barbe blanche de Pampigny. Adrian Gibert consacre à cette question, en 1959, une quinzaine de pages dans *Le Messager évangélique*[5] ; il répète qu'il n'y aura pas de quartier pour les réprouvés et que rien n'abrégera leurs souffrances, pas même la mort.

---

5. La référence quasi officielle des assemblées des frères de langue française.

Cette position, qui ne se discute pas sur les bancs des assemblées, n'empêche pas Henri Chabloz – à qui je dois mon baptême – d'instiller un doute qui fait lentement son chemin : s'il est bien clair que les peines éternelles sont éternelles, il est également vrai que ceux qui auront à les subir – ceux qui ne sont pas promis à la résurrection – ne sont pas eux éternels. Il faut donc conclure que leurs peines seront abrégées, si ce n'est par clémence, disons par pure arithmétique.

L'avertissement ne se fait pas attendre. Le 7 novembre 1959, Henri Chabloz reçoit une lettre qui l'accuse des pires maux. Cette lettre n'existe plus, mais celle que lui-même adresse à ses accusateurs par retour de courrier s'y réfère et nous autorise à en inférer la teneur.

Henri Chabloz s'y défend d'avoir été le faux docteur et le champion de l'erreur dont cette missive l'accuse. Il insiste sur le fait que sa lecture des textes est fidèle, qu'il donne aux mots leur sens naturel, littéral, et qu'il lui paraît nécessaire de rectifier l'enseignement reçu.

Henri Chabloz dit s'inquiéter de la tournure que prend ce qu'il croyait n'être qu'un éclaircissement sans conséquence et, comme il ne souhaite pas devenir celui par lequel le scandale arrive, il en appelle à la trêve. Il annonce qu'il est prêt à suspendre ses réflexions et à différer la résolution du problème, mais avertit qu'il reprendra un jour ses travaux, lorsque les esprits se seront calmés. Il répète que sa thèse ne met pas en question l'éternité des peines, qui sont elles bel et bien éternelles, mais la durée de l'existence des réprouvés qui eux sont mortels.

Les frères de Lausanne ne sont pas satisfaits ; ils se sentent menacés dans leur unité et exigent qu'Henri Chabloz se rétracte formellement. Dans les jours qui suivent, les assemblées de Tramelan, Neuchâtel, Rossinière et Morges, mais aussi de l'étranger, apportent leur soutien aux frères de Lausanne et envoient une lettre ouverte à l'infidèle, qu'ils signent *Vos frères affligés*. Ils insistent sur le désarroi que provoque son enseignement erroné. Ils s'en remettent à Dieu et supplient que celui-ci agisse et trouve une solution. Henri Chabloz accepte de se taire mais refuse de retirer ses propos.

Les esprits se calment pendant quelques mois et on imagine que la crise est sous contrôle. La patience et l'intervention de l'Esprit saint auraient-elles comme autrefois démontré leur efficacité ? Non, le mal rampe, rien n'est réglé. Une lettre des frères de Toulouse le confirme : Henri Chabloz n'est qu'un faux prophète séduit par de faux dieux ; c'est un négateur de Jésus-Christ. Les assemblées en communion se doivent d'exclure cet ennemi particulièrement sournois.

Celle de Lausanne s'y résout dans une lettre signée par dix frères qui déplorent que le faux docteur, malgré le délai octroyé, n'ait pas révisé ses vues. Ils notent surtout que le poison se répand partout et qu'il faut en finir. La menace d'une contagion générale les y contraint et, par souci de la vérité et pour obéir à la première épître de Timothée 6,3 et à celles adressées aux Romains 16,17 et à Tite 3,10, ils prononcent d'une seule et même voix, dans une profonde douleur, le retranchement de leur frère de l'Assemblée et, avec lui, de tous les frères et sœurs et de toutes les assemblées qui le soutiendraient.

Henri Chabloz jette ses dernières forces dans la bataille et répond dans une longue lettre que les versets des trois épîtres – Timothée 6,3, Romains 16,17 et Tite 3,10 – auxquels ses adversaires se réfèrent ne le condamnent pas mais au contraire l'innocentent. Il argue que, s'il avait vraiment voulu servir son propre ventre, il aurait été plus judicieux qu'il se taise et renonce à ses idées. Il n'est pas non plus un faux docteur puisqu'il ne fait qu'affirmer ce qui est écrit et, en cherchant à faire un peu de lumière sur un point délicat, il n'est ni sectaire ni perverti. Il conclut qu'il ne souhaite ni la guerre ni la division, mais qu'il lui est impossible de cacher la vérité et de signer une paix honteuse.

Les frères de Lausanne tranchent formellement le dimanche 28 août 1960. Henri Chabloz est excommunié en même temps que la trentaine d'assemblées qui le soutiennent. Le coût est exorbitant, plusieurs centaines de frères et de sœurs sont sacrifiés. Sans compter l'huile qu'Henri Chabloz jette sur le feu l'année suivante, en diffusant un texte qui, pense-t-il, démontre sa thèse – il n'a certes plus rien à perdre, et c'est bien un risque trop mal pesé de l'excommunication. Sa dissertation ramassée sur une douzaine de pages et soixante-treize renvois à l'Ancien et au Nouveau Testament est belle, technique. Mais si technique qu'il est fort douteux que les assemblées qui lui furent solidaires le furent pour des raisons exclusivement théologiques. N'avons-nous pas quelques sursauts de bon sens devant la fureur que déchaînent des querelles aussi absconses ? Ces moments où, quel que soit le point de désaccord sur le fond, c'est bien la forme qui nous enjoint de secouer la poussière de nos sandales.

D'ailleurs l'affaire ne rebondit pas, elle s'enfonce et ne s'achève officiellement que le 27 octobre 1963, lorsque la fille d'Henri Chabloz reçoit une lettre de l'Assemblée de Lausanne qui l'accuse de rejoindre, parfois, un groupe de dissidents solidaires de son père. Pour ne pas salir l'Assemblée, les frères de Lausanne se voient dans l'obligation de la retrancher à son tour, à moins qu'elle ne fasse amende honorable et renonce à ses mauvaises relations. Elle déclinera l'offre.

Quelques fidèles ont profité de cette crise pour claquer la porte. C'est le cas d'Henri Stehlé, qui s'en explique dans une longue lettre adressée fin novembre 1960 aux frères de Genève. Il commence par se justifier des quelques pages qu'il a rédigées à la suite de la parution d'une brochure anonyme intitulée : *Que dit la Bible du sort des méchants ?*

Les propos très contestables de ce dernier imprimé l'ont indigné, d'autant qu'il a été diffusé par G. A., l'un des leaders de Lausanne, et a circulé partout comme s'il contenait la doctrine officielle et donc la vérité. Stehlé s'en offusque et regrette que les décisions à l'emporte-pièce prennent le pas sur l'examen des problèmes. Il conclut qu'au train où vont les choses, les assemblées disparaîtront purement et simplement faute de combattants. Il demande en conséquence qu'on le raie des rangs de celle de Genève et exige, en post-scriptum, que l'on donne une lecture intégrale de sa lettre à la prochaine réunion, pour éviter que l'on interprète mal son départ.

Nul ne sait si cette dernière demande a été exaucée. Nous ignorons également si Henri Stehlé a rejoint les rangs de la dissidence ou ceux d'une Église historique, comme beaucoup de frères et de sœurs refroidis l'ont fait avant lui. Ou s'il a vécu en exil, libre de toute appartenance, en poète.

Quel enseignement tirer de l'aventure de John Nelson Darby et de l'Assemblée des frères sinon que, née d'une expérience existentielle, ouverte et généreuse, elle s'est métamorphosée en machine à exclure ? Elle fait partie de ces utopies collectives d'après la Révolution que leurs instigateurs, pour ne pas avoir à y renoncer, ont sans cesse adaptées, corrigées, amendées, jusqu'à les dévoyer. Les frères et sœurs des assemblées y sont parvenus au prix de lourds sacrifices mais nous avons de bonnes raisons de penser que leur aventure, dont Darby n'imaginait pas qu'elle *pût aller plus loin*, se prolongera encore.

Mais il se peut aussi que, de crise en crise, de retranchement en retranchement, le résidu fidèle ne se réduise un jour à trois fidèles assis autour d'une table, hésitant sur le nom de leur prochaine et dernière victime. Conscients soudain de leur folie, je les imagine lever la tête et regarder par la fenêtre les moineaux qui s'affairent, le lac et, derrière les nuages qui s'écartent, le soleil qui revient. Puis sortir et rejoindre ce dehors auquel John Nelson Darby a renoncé. Dire *oui* et l'accepter.

En dépit des crises de la seconde moitié du XXe siècle, l'Assemblée des frères fait aujourd'hui de la résistance dans la Drôme et l'Ardèche, l'Isère ; en Alsace et dans les Cévennes, en Allemagne et aux Pays-Bas, au Canada et aux États-Unis, à Lens et à Toulouse, à Sainte-Foy-la-Grande et Saint-Dié-des-Vosges, à Saint-Laurent-du-Pape. Ici aussi en Suisse romande.

J'ai pris contact avec les frères des Bioux qui se réunissent chaque dimanche à Vers-chez-Grosjean, à l'étage d'une maison habitée autrefois par un coutelier-paysan. Ce rassemblement est né sur les rives du lac de Joux en 1840, sous les auspices de John Nelson Darby lui-même qui y a séjourné quelques jours. Six générations s'y sont succédé, il ne reste aujourd'hui qu'une vingtaine de fidèles. On m'y a accueilli comme l'un des leurs.

Ils étaient quatorze ce dimanche d'octobre, sept frères et sept sœurs. Rien n'avait changé. Je m'y suis retrouvé comme à Lausanne il y a cinquante ans, c'était à la fois très émouvant et très inquiétant : mêmes gestes et mêmes silences, même ferveur austère ; mêmes chants, mêmes voix ; mêmes prières et même variation dans le jeu des prépositions ; la voix tremblante du chantre, le craquement du bois des bancs et le froissement du papier bible des *Hymnes et cantiques.*

À un peu plus de 10 h une fenêtre s'est ouverte à l'autre bout du local. Il pleuvait, une voiture a passé sous la fenêtre ; je l'ai entendue s'éloigner le long du lac tandis que l'air du dehors se mêlait à celui du dedans. Je me suis souvenu de tout. La vie continuait et j'étais heureux.

C'est en revenant de cette visite à la Vallée que, rêvassant sous la pluie, je me suis souvenu de Patrice, avec lequel j'avais partagé pendant quelques années les bancs de l'École du dimanche à Lausanne. Je le savais très engagé mais qu'était-il devenu ? Comment avait-il vécu la succession des crises qui avaient secoué l'Assemblée et où en était-il aujourd'hui ? Je lui ai lancé un coup de fil et nous nous sommes donné rendez-vous pour la semaine suivante.

Il pleuvait ce jeudi-là si bien que je suis arrivé en retard. J'ai sonné à la porte de son immeuble, il m'attendait. Patrice habite un joli appartement. Une petite pièce lui tient lieu de bureau et de chambre à coucher avec, sur la table, le calendrier de *La Bonne Semence* qu'il effeuille chaque jour, quelques livres, une Bible dont il lit chaque matin deux chapitres et qu'il annote ; il en fait le tour en un peu plus de deux ans. L'après-midi, il se consacre à ce qu'il appelle le temporel et, le soir, s'endort en songeant aux turpitudes de l'Église. Dans une bibliothèque, les 12 000 articles du *Messager évangélique* et les portraits de John Nelson Darby et de Samuel Prod'hom.

Patrice a mal supporté le relâchement de l'Assemblée de Lausanne au début des années 1990. Scandalisé par ses indisciplines et ses compromissions, il l'a quittée en 1997, espérant trouver quelque part une table autour de laquelle s'asseoir, avec d'autres frères et d'autres sœurs. En vain. Personne. Il ne voit aujourd'hui autour de lui que dispersion et naufrage, désert, fidèles égarés, chute. Il conclut : « Le témoignage collectif, c'est fichu. » Le temps s'est arrêté dans la petite chambre qu'il occupe et qui n'est, selon ses mots, que l'antichambre du Royaume. Il vit seul et met aujourd'hui ses derniers espoirs, non plus comme Darby dans le verset 20 du chapitre 18 de l'évangile de Matthieu :

« Car là où deux ou trois sont assemblés en mon nom, je suis là au milieu d'eux. »

Mais dans le verset 20 du chapitre 3 de l'Apocalypse :

« Voici, je me tiens à la porte et je frappe : si quelqu'un entend ma voix et qu'il ouvre la porte, j'entrerai chez lui et je souperai avec lui, et lui avec moi. »

À l'évidence, Patrice ne rêve plus d'une communauté de frères et de sœurs mais d'amies et d'amis, qui que nous soyons et où que nous soyons, une communauté d'hospitalité. De moi à toi et de toi à moi autour d'un repas. Comment ne pas nous en réjouir ?

À Saint-Laurent-du-Pape

Rembobinons le temps d'une rencontre. Détail dans la fresque d'une vie, de ces détails qui donnent envie de réécrire l'histoire alors qu'au tamis d'une biographie ils passent entre les mailles. En 1879, au soir de sa vie, John Nelson Darby fait un rapide bilan : bon an mal an l'Assemblée a gagné du terrain même si quelques frères et sœurs sur lesquels il croyait pouvoir compter ont dû être exclus ; mais il y a peu, une demi-douzaine de catholiques se sont convertis en Charente, ça compense.

Autrement le travail ne manque pas, l'Irlandais fait des conférences, répond à ses correspondants par de longues lettres dans lesquelles il répète inlassablement la vérité scripturaire, la déréliction des Églises, l'union sacrée de l'Assemblée et son enlèvement prochain. En dépit de sa fatigue et de son âge, il poursuit à Pau la révision de sa traduction française des évangiles et met à jour sa préface.

L'hiver a été rude dans le Béarn et le printemps peine à s'installer. Il pleut et le brouillard rampe au pied des Pyrénées. Le vieil homme souffre d'un lumbago et il tousse ; il ne sort presque plus. Pas le temps toutefois de se reposer, ses travaux sont loin d'être terminés et plusieurs passages lui donnent du fil à retordre. Il aimerait les boucler avant la fin de l'année.

Début juillet il fait un saut à Londres où il règle quelques chicanes ; il en profite pour mettre à jour sa correspondance qui s'entasse depuis quelques semaines. Il repart à Pau début août mais fait une halte en Ardèche où l'importante communauté darbyste l'attend. Le soir de son arrivée, une rencontre est agendée dans une salle de Saint-Laurent-du-Pape.

Combien sont-ils ? Qui sont-ils ? Qu'a-t-il dit ? Nous l'ignorons. La seule chose que nous savons de source sûre, c'est qu'un vieil homme de bientôt 70 ans, exilé du Piémont et pasteur dans la Drôme depuis plus de quarante ans, s'est glissé dans la salle et assiste incognito à la conférence de l'Irlandais. Il est à Saint-Laurent-du-Pape depuis quelques jours chez sa belle-sœur, où l'ont rejoint Aline, l'une de ses filles, et ses deux petites-filles. Il passe de belles heures avec elles sur les rives de l'Eyrieux.

Mais ce soir-là, Alexis Muston – puisque tel est son nom – leur fausse compagnie. Il ne veut pas manquer l'occasion d'écouter un homme dont la notoriété ne faiblit pas.

Il ne l'a jamais rencontré personnellement mais a souvent croisé l'un ou l'autre de ses lieutenants qui, plus d'une fois, ont plongé ses paroissiens dans le désarroi.

Ainsi la mère Bertou de La Charce qui, après une visite de l'un d'eux, implore son cher Muston de remettre l'église au milieu du village ; elle ne comprend rien à ce salut que l'on obtient sans avoir besoin d'être généreux ; elle ne peut admettre que les bonnes œuvres ne compteront pas le moment venu. Tout ça n'est pas clair, ajoute-t-elle, car enfin, l'Évangile dit que les bons seront récompensés et les méchants punis. Quoi ? Celui qui aurait souffert sans jamais se plaindre, sans jamais tomber dans le vice, sans jamais perdre confiance en Dieu, ne serait pas plus avancé qu'un chenapan qui n'aurait jamais rien fait pour le bien ? Non monsieur, c'est impensable !

Le pasteur ne porte pas, lui non plus, les darbystes dans son cœur, bien trop passionnés par la fin des temps et trop peu par leurs devoirs sur terre mais, pour ne pas jeter de l'huile sur le feu, il se contente de réconforter la mère Bertou.

Il a plus d'une fois exprimé de sérieuses réserves à leur égard, qu'ils soient exclusifs ou larges, étroits ou dissidents. Notamment lors d'un séjour à Aigle en 1864. « Il règne dans cet heureux pays, écrit-il, une grande piété entretenue par je ne sais combien d'Églises qui se surveillent l'une l'autre avec une sollicitude dévote : Églises anglaise, allemande, française nationale, française dissidente, wesleyenne ; des darbystes purs, des darbystes mitigés, des Saints du dernier jour, qui se réunissent tantôt dans un grenier, tantôt dans un hôtel garni, tantôt dans une chambre borgne. Un vrai guêpier, conclut-il, qu'il est préférable d'éviter. »

Mais ce soir-là à Saint-Laurent-du-Pape, la présence bien réelle de l'Irlandais pique sa curiosité. À quoi cet homme peut-il ressembler ? Que va-t-il bien raconter à ses aficionados ?

En effet, une cohorte de supporters attendent leur leader ; ils ont tous un même air de famille, le même visage fermé, les mêmes yeux mi-clos tournés vers le dedans. Muston est allé s'asseoir au fond du local et jette un coup d'œil autour de lui. Où est cet Irlandais ? Il ne l'a jamais vu, ni en vrai ni en photographie.

Un homme se lève enfin, il se tient tout près de la table de communion. C'est lui ! Il entame sa prédication vivement, sans préambule, *in medias res*, immédiatement à son affaire et à son combat. Il est intarissable et n'hésite pas à élever la voix. L'assemblée l'écoute religieusement ; les uns hochent du chef, d'autres froncent les sourcils.

Le Piémontais l'imaginait plutôt petit et enthousiaste ; il découvre un homme grand, pâle, distant, presque cassant. Ce n'est plus le Darby de Dublin mais celui de Bristol, l'œil noir, petit, sur le qui-vive. Inquiet et seul. Il s'est enfoncé bien trop loin dans sa forteresse pour oser en sortir et considérer les alentours ; le danger serait trop grand ; tout ce dont il s'est coupé pourrait faire son retour et le submerger. Le prédicateur ne perd pas de vue une seconde les raisons pour lesquelles il est là : convaincre.

Alexis Muston prend alors conscience qu'ils ont bien peu de choses en commun. Il l'écoute poliment jusqu'à la fin puis s'éclipse discrètement ; il a hâte de rejoindre ses petites-filles qui l'attendent. Il leur écrit un poème avant qu'elles n'aillent se coucher puis monte à l'étage. Il tire alors de son havresac le quatre-vingt-septième des quatre-vingt-treize cahiers de son journal et note :

1879

« Darby prêche très simplement, d'un style très familier, en assez bon français où l'accent germa... britannique est à peine senti. »

Note 12513, cahier LXXXVII

C'est tout. Aucun scoop, rien à se mettre sous la dent. Leur rencontre n'aura donné lieu à aucune dissertation et les deux hommes ne se reverront pas.

Le lendemain matin John Nelson Darby reprend le train. Il a hâte de rejoindre Pau et de mettre un point final à ses travaux, mais aussi à cette vie terrestre qui lui pèse. Le temps presse, il tire au plus court pour arriver à l'heure à Pau, y passe quelques semaines avant de rentrer à Londres, à Bournemouth enfin où il meurt.

Le vieux pasteur reprend lui aussi le cours de ses actions mais, à l'inverse de l'Irlandais, s'attarde sur les rives du Rhône et de la Drôme, du Lez et du Roubion ; il s'égare consciencieusement dans les campagnes de Truinas et de Félines, découvre des fleurs à corymbes constellées de petites centaurées rouges puis croise un ami dont il a perdu depuis longtemps la trace ; il rédige le lendemain, *sub tegmine fagi*, un récit destiné à ses petites-filles et cueille de petites euphraises blanches veinées de rose qu'il épingle délicatement avec quelques dessins dans son journal.

C'est un nouveau monde qui surgit, riche, coloré, profus, qui se substitue au gris pâle, insipide, brumeux, de l'Irlandais, un monde qui brille et déborde de tout ce que celui-ci a condamné : la lumière, les ombres, les doutes, les arcs-en-ciel ; l'amitié et les oiseaux, les fleurs, les rivières.

Une photographie de cette époque atteste de ce renouveau. C'est le premier printemps et il fait beau. Le vieux Piémontais est assis dans une prairie à deux pas d'un bouquet de ronces et de chèvrefeuille ; derrière lui, plus haut dans la pente, l'un de ces murets de pierres sèches qui enclosent et rythment nos campagnes.

À l'évidence, le vieil homme a beaucoup marché, il fume un cigare, un petit sac de cuir chagriné à ses pieds ; il tient dans sa main gauche un bâton de coudrier. Il porte une lourde veste de cuir, col et manchettes de velours, une fleur à la boutonnière, des pantalons renforcés aux chevilles et des bottines taillées dans un cuir solide. Sous sa veste un gilet et une chemise blanche. Sur la tête un canotier.

Le vieil homme n'ignore pas le photographe et son objectif mais s'en désintéresse : le pré qu'il a sous les yeux requiert toute son attention, là tout près, fétuque et millet, lys, brize et papillon. Soyez-en sûr, le vieil homme n'est pas pressé, il pourrait rester là une éternité encore.

Alexis Muston

Le Piémontais se souvient comme l'Irlandais de l'événement qui a bouleversé et réorienté sa vie. Il en a écrit le détail les mois qui l'ont suivi et, lui aussi, l'a raconté de vive voix à de nombreuses reprises. Il l'évoque une dernière fois dans le dernier des cahiers de son journal, au retour d'un voyage qu'il effectue dans son pays natal quelques mois avant sa mort.

1887

Le mulet ne broncha pas, ne buta pas une seule fois durant toute la traversée. Je parcourus ainsi ce même chemin que j'avais fait sur la neige pendant ma nuit d'exil, et à pied, m'effrayant presque rétrospectivement des dangers qu'il offrait en plein jour. Arrivé à la Cochia, je me rappelai les visions délicieuses, et la douce chaleur que me fit éprouver, pendant quelques minutes de repos, l'envahissement insensible de la congélation. Si je n'avais pas eu Artus, pour m'éveiller à coups de poing, je n'y revenais plus. Ce que c'est que la destinée !

Journal, cahier XCIII, note 370

Alexis Muston naît le 11 février 1810 à Torre Pellice, dans les Vallées vaudoises du Piémont, un pays où l'on parle français et prie réformé. Il passe les premières années de sa vie dans le presbytère de Bobbio où son père a charge de la paroisse. Enfance heureuse, études sérieuses mais, faute d'une Faculté de théologie protestante dans le Piémont, Alexis est envoyé à Lausanne pour apprendre le métier de pasteur.

Le jeune homme d'à peine 15 ans s'y rend de bonne grâce, comme l'ont fait avant lui quantité de ses compatriotes ; il sait qu'il ne s'agit que d'une parenthèse. Il y accomplit ses études entre 1825 et 1831 puis séjourne à Strasbourg où il obtient une licence et soutient sa thèse. Très actif, il y publie également un recueil de poèmes et une *Histoire des Vaudois*. Le jeune homme hésite alors sur la voie à suivre : littéraire ou pastorale ? Il n'a en réalité pas le choix, son avenir est écrit depuis toujours, une bonne petite carrière de pasteur lui est promise. Il rentre dans son pays natal et prend la direction de la paroisse de Rodoretto que les autorités ecclésiastiques vaudoises de Torre Pellice lui ont désignée. Il a 23 ans et c'est comme si sa vie était d'ores et déjà aboutie, accomplie, réussie.

Mais le prince et l'évêque piémontais ne l'entendent pas de cette oreille, ils se méfient de ce jeune homme trop engagé à leur goût et l'accusent, six mois seulement après son installation à Rodoretto, d'avoir écrit une *Histoire des Vaudois* qui présente des traces d'anticatholicisme et de socialisme. Et parce qu'ils pressentent que ce livre et son auteur pourraient exciter l'esprit d'indépendance de cette communauté protestante, petite mais très entreprenante, le prince et l'évêque invitent l'autorité de censure du Royaume à lancer un mandat d'arrêt contre lui.

Alexis Muston est averti de cette procédure judiciaire au milieu de la nuit du 9 au 10 janvier 1834 alors qu'il passe quelques jours en famille au presbytère de Bobbio. Il n'y a pas une minute à perdre, le temps presse ; il embrasse sa mère, son père, ses frères, sa sœur et s'enfonce dans la nuit ; il remonte la haute vallée du Pellice et continue jusqu'à Villeneuve où Artus, un chasseur de chamois, lui propose son aide pour franchir le col de la Croix ; ils enfilent des bottes et des guêtres, chaussent des crampons de fer et s'arment, en guise de piolet, d'un bâton à corne de chamois. Il neige tant qu'il leur faut plus d'une heure et demie pour atteindre le pâturage de la Prà.

Artus vérifie qu'aucun douanier ne se trouve dans l'auberge, ils se restaurent à la hâte, le plus difficile reste à faire. Brouillard, tempête, épuisement. Le pasteur le répétera, sans Artus il serait mort. Ils brassent la neige jusqu'à 5 h du matin et parviennent miraculeusement au col. Sauvés ! ils sont en France. Le jour se lève sur le Queyras ; ils descendent au fond de la vallée et longent le Guil. Le jeune pasteur lance alors : « Je suis proscrit, en exil à Abries ! » Plus rien ne sera comme avant.

Alexis Muston est en sûreté mais cette nuit du 9 au 10 janvier 1834 l'ouvre à une vie qu'il n'imaginait pas. Il vivra désormais comme un exilé, loin des siens et de son pays natal, même lorsque les charges contre lui seront levées. Ce point est essentiel, car si cette fuite l'a mis à l'abri des menaces du prince et de l'évêque, elle lui a aussi donné l'occasion d'échapper aux pièges d'une vie trop prévisible.

Et comme si cela ne suffisait pas, une coulée de neige emporte quelques mois plus tard le presbytère de Rodoretto, avec le pasteur qui lui a succédé et sa famille. Il écrit alors que non seulement cet exil l'a sauvé de la prison et de la destinée qui l'attendait dans les Vallées, mais encore d'une mort certaine, l'ouvrant à une vie qui aurait pu ne pas être, une autre vie, une vie-prolongation, une vie-rallonge. Faut-il acquérir, par accident, ce sens aigu de l'immérité pour nous rendre poreux à la grâce ?

Alexis Muston cherche pendant quelques jours un lieu où déposer ses bagages ; il fait halte une ou deux semaines à Abries chez David Monnet, un ami des Vallées, puis vagabonde quelques mois dans le sud de la France, sans domicile fixe, à Toulon, Marseille, Nîmes, Uzès. Il se met au service de différentes institutions, jusqu'à ce que la paroisse de Bourdeaux, avertie de sa disponibilité, lui offre le poste de suffragant. Le jeune Muston accepte et pose sa valise dans la Drôme, au pied du synclinal perché de la forêt de Saoû.

Tout va aller ensuite très vite : une année seulement après sa fuite précipitée des Vallées, il épouse la fille du juge de paix et devient l'année suivante pasteur de l'Église réformée de France ; sa fille Anaïs voit le jour quelques mois plus tard, suivront Aline et Charles. Il ne quittera plus Bourdeaux.

Rien n'y fera pourtant, Alexis Muston y vivra comme un exilé, à l'image de ces pasteurs vaudois du Piémont qui officièrent dans les arrière-pays d'Allemagne, de France ou de Suisse. Jamais il ne s'intégrera à sa belle-famille ni au cercle des notables de la vallée du Roubion ; jamais il ne sera des leurs ni ne considérera ce pays comme une nouvelle patrie. Le pasteur ne connaîtra pas non plus la satisfaction du propriétaire sur ses terres ; il devra chaque matin tout recommencer, avec le sentiment que la vie n'est qu'un interminable voyage ponctué de haltes éphémères. Seulement il saura aimer et le voyage et les haltes.

Exilé sur la terre, comme John Nelson Darby, seul, mais en un sens très différent. En effet, l'exil du Piémontais n'est pas la conséquence d'un refus, il ne repose pas sur un *non* au monde dans lequel il est né mais, au contraire, sur un *oui*, un oui à la vie nouvelle dans laquelle les circonstances l'ont jeté et à laquelle il a immédiatement consenti. L'exil ne lui est jamais apparu comme une punition, injuste ou arbitraire, mais comme une opportunité jamais démentie, celle de lui avoir permis de renouveler sa compréhension du monde et de s'affranchir, une fois pour toutes, de la familiarité et de la suffisance qui trop souvent asservissent l'indigène à ses terres.

Curieux de tout, il vivra jusqu'à sa mort avec la sensation étrange d'être partout chez lui sans être nulle part chez soi, de découvrir les choses pour la première fois, comme un étranger, en décalage permanent, comme s'il percevait le monde avec une légère distorsion, un écart, une entorse mineure mais fondamentale. Au risque de se sentir parfois perdu.

Cette vie d'exilé, Alexis Muston en a un avant-goût à 15 ans lorsque ses parents l'envoient à Lausanne pour ses études de théologie. Les rues étroites de la Cité fourmillent de monde comme dans toutes les villes d'Europe au lendemain de la Révolution ; les esprits s'échauffent dans les salons et l'agitation gagne les couloirs de l'Académie. On y discute du renouveau des institutions politiques, de la vie des collectifs et de la liberté ; on s'interroge sur les effets de la division du travail, de l'accélération de la production et de la pauvreté. Faut-il sanctifier les dimanches et obliger l'homme au repos ? C'est beaucoup pour un gamin de 15 ans.

On se penche sur l'avenir des sciences et des techniques, sur les frontières du rationnel et du réel. On s'interroge sur les textes sacrés et leur traduction ; sur la nature des prophéties, la piété, la vie sur terre et au ciel, sur la nature des souffrances du Christ et des peines éternelles. Certains redessinent les jardins du Paradis, d'autres ceux de l'utopie. Le jeune Alexis curieux de tout s'intéresse à tout, rien n'est à négliger, mais trop c'est trop.

Cette agitation n'apparaît pourtant pas à ses yeux comme le signe d'un défaut de l'être, d'un désordre ou d'un chaos dont il conviendrait de se couper, comme chez l'Irlandais et ses amis, mais le signe d'une richesse de l'être, d'un trop-plein qui parfois le submerge et l'incite à prendre le large.

Alexis Muston fait l'école buissonnière, s'exile dans les campagnes, seul ou avec son ami David Monnet à Sauvabelin ou au lac de Bret ; aux sources de la Mèbre ; entre forêts et étangs, vignes et chènevières, dans les vignes ou les grottes de l'Orbe. Il découvre alors d'autres richesses : le vent, l'ombre, la fraîcheur des rivières et des fleurs, innombrables. Il en glisse quelques-unes dans son herbier, croise des inconnus, écrit des poèmes et, chemin faisant, se souvient de ses courses solitaires le long du Pellice, des châtaigneraies ; des fragrances des rosiers et des lilas dans le jardin du presbytère de Bobbio, du vieux poirier et des corbeilles de capucines.

Le jeune homme connaît néanmoins les règles du jeu social et n'est pas surpris qu'elles le rattrapent le soir avant de s'endormir. Il est inquiet, cette tension que nous avons connue à l'adolescence, nous aussi, ne le quitte pas ; il a le sentiment qu'elle nuit à son travail et le maintient dans la médiocrité. Or il souhaite de tout cœur ne pas décevoir ses parents et répondre à leurs attentes. Impossible toutefois de faire un trait sur ces échappées belles qui lui donnent tant de joie. Il aimerait être en phase avec son temps mais ne veut ni ne peut renoncer au bonheur d'exister. Trouvera-t-il une ligne de crête ?

L'adolescent décide de prendre les devants et déniche sur les hauts de Lausanne une petite chambre dans laquelle il se retire, comme s'il devait ne jamais revoir ses amis. Il se met au travail. Résolument. Mais très vite cette retraite lui pèse ; il ne peut s'empêcher de descendre à la Cité et faire la fête.

En remontant un soir dans son ermitage, il croise une gardienne de moutons qui pousse son troupeau à l'étable, heureuse que ses bêtes aient bien mangé et que la lune et les étoiles soient ce qu'elles sont. Une vapeur transparente diffuse le parfum sucré des roses d'un églantier, qui se mêle à celui plus âcre des foins. Le gamin se demande d'où vient cette impression de beauté que produisent les choses sans qu'elles sachent qu'elles sont belles. Il existerait ici même, où que l'on soit, des forces qui rapprocheraient chaque chose et chaque être de tous les autres ? Par un lien immédiat qui ne serait justifié ni par le sang ni par le sol. Par le simple fait d'exister ?

Le jeune homme est bouleversé : la joie est de ce monde, ici même, imprévisible mais à portée de main, loin des disputes académiques et du charivari des villes, loin des Églises et de leurs querelles. Il suffit d'une rencontre, d'un sentier que l'on prend au hasard, d'une pierre ou d'une racine d'arbre contre laquelle le pied bute pour que tout se métamorphose et que notre vie nous apparaisse sous un jour nouveau. Et c'est une gardienne de moutons qui lui montre la voie !

Quelques années passent avant qu'Alexis Muston ne revienne à Lausanne, en coup de vent, quelques semaines avant le début de son ministère à Rodoretto. Il a mûri, les mois passés à l'Université de Strasbourg lui ont appris à composer avec les opinions et la variété des choses, leur prodigalité, mais aussi avec les excès dont les hommes sont capables. Il s'est assagi et s'amuse des affirmations péremptoires de ses amis.

Une controverse polarise à cette époque la vie intellectuelle du canton de Vaud où deux groupes se sont constitués. Il découvre étonné la bataille que se livrent libéraux et radicaux à Lausanne. Le jeune homme, parce qu'il a des amis dans les deux camps, est pris de court ; tous lui demandent de prendre parti, de rallier leurs rangs et de batailler avec eux. C'est intenable. Non ! Muston est incapable de s'engager sur un chemin qui divise. Il ne veut pas sacrifier ses amitiés sur l'autel des alliances et des rivalités. Pour ne trahir aucun de ses amis, il leur tourne le dos et s'enfuit sur les sentiers du haut de la ville qui, loin de tout, coexistent sans se faire concurrence. Alexis n'est décidément pas guéri. Mais peut-on guérir d'une telle maladie et comment la nommer ? Asociabilité est le nom que lui donneraient les mondains ; il en faudrait un plus juste et moins exact à la fois.

Il reviendra à Lausanne dix ans plus tard, seul, sans la femme qu'il a épousée et leurs trois enfants qu'il a laissés à Bourdeaux. Fatigué, le pasteur a en effet décidé de faire un break de trois semaines sur les rives du Léman.

La ville s'est métamorphosée, il ne la reconnaît plus : les campagnes alentour ont été rasées, un pont relie désormais Saint-Laurent à Saint-François et un tunnel la vallée du Flon à celle de la Louve. Mais ses amis eux sont restés les mêmes, en pire. Ils se chicanent tant et plus.

Nous sommes en 1845, les radicaux se battent pour une Église centralisée et subordonnée à l'État, les libéraux pour une Église libre. Tous invoquent d'excellentes raisons mais la forme exclusive, aveugle, tranchée, que prend leur engagement est incompatible avec l'amitié qu'Alexis

Muston appelle de ses vœux. Et lorsque vient le moment de se quitter, les nombreuses invitations que lui adressent ses amis radicaux et libéraux le mettent une nouvelle fois mal à l'aise. *Je préférerais ne pas...* commence le Piémontais qui, incapable de terminer sa phrase, s'éclipse. Par lâcheté, prétendent certains de ses amis. Mais qu'en savent-ils ? Ne faut-il pas aussi une forme de courage pour résister aux disputes ?

De ces trois semaines de vacances, Muston ne veut se souvenir que des moments heureux et notamment de deux épisodes sur lesquels il s'attarde longuement dans son journal : le premier vécu en compagnie d'un notable du parti radical, Rodolphe Blanchet, le second aux côtés de la tête pensante du Parti libéral, Alexandre Vinet.

Blanchet est un adversaire déclaré de Vinet ; il milite en effet pour une centralisation des pouvoirs et une mise au pas de l'Église. Il ne dédaigne pas non plus les honneurs et sera simultanément ou successivement châtelain et conservateur de la section botanique du Musée cantonal, conservateur du Cabinet des médailles et chargé de cours à l'Académie, vice-président du Conseil, président...

Comme ils en ont pris l'habitude depuis le temps de leurs études, Blanchet et Muston font le tour de l'actualité scientifique, discutent de la découverte des antiquités lacustres, de l'origine des blocs erratiques dont l'ancienneté met à mal la littéralité des récits de la Genèse. Après le déjeuner, les deux amis montent dans une calèche en compagnie d'un pasteur très moderne qui n'hésite pas, dans sa théologie toute personnelle, à sacrifier sur l'autel du progrès le péché originel, la prédestination et la trinité. Ils font halte à l'auberge du lac de Bret où ils mangent une truite au soleil. Ils parlent, parlent encore jusqu'à plus soif quand, soudain, le ciel se couvre et le lac vire au noir. L'orage menace, le temps presse.

C'est alors que le vieux démon de Muston se réveille ; au prétexte qu'une calèche allégée roulera plus vite sans lui, le jeune pasteur prend la clef des champs. Il file droit en bas des collines, coupe les lacets. Le lac prend sous lui les couleurs du plomb et quelques gouttes de pluie se mettent à tomber ; Muston revit, court, se perd, court encore. Il parvient enfin au château de Blanchet.

Il monte sur la galerie vitrée où il attend ses amis ; dehors l'orage déchire le ciel et les montagnes de Savoie jouent à cache-cache, le lac s'enténèbre, les arbres se tordent, et puis, sans que rien ne l'annonce, l'invraisemblable se produit, le soleil revient et inverse le cours des choses. Émerveillement, sidération, épiphanie. Le pasteur se tient debout sur la terrasse, seul, immobile au milieu d'une réalité qui n'exclut rien ni personne mais s'ouvre à tous. C'est le sentiment d'un *nous* qui s'élargit au lac, aux Alpes, au vigneron dans ses vignes et à ses amis dans leur calèche, un *nous* qui procède d'un *oui*, d'un *oui* sans condition, sans restriction, suivi d'aucun *mais*.

Plus loin dans son journal, le pasteur relate un après-midi passé sous les deux acacias de la colline de Montriond avec son ami Alexandre Vinet, professeur de théologie pratique à l'Académie de Lausanne et fervent partisan d'une Église libre. Mais le pasteur ne rapporte dans son journal aucun des propos qu'ils se sont échangés à propos de la situation religieuse de la ville et du canton ; il n'évoque que la musique qui monte du lac, le soleil qui traverse les feuillages et l'amitié qui leur fait oublier le temps qui passe. Et lorsque Vinet s'en avise, le gardien du parc a disparu avec son trousseau de clefs. Les voilà enfermés. Les étudiants vont-ils devoir se passer de leur maître ? Muston sourit et rappelle à son ami qu'ils ont été autrefois des saute-ruisseau. Il lui fait la courte échelle, Vinet se hisse et se maintient à califourchon sur le mur. Muston franchit l'obstacle et offre son épaule. Vinet s'y appuie pour retrouver la terre ferme. Les prisons ne leur résistent pas. Ils rient, le professeur sera à l'heure à l'Académie.

Anecdotes sans conséquences, diront certains, qui nous détournent de la seule question essentielle, celle des collectifs qui fut au centre des débats du XIXe siècle, qui divisa radicaux et libéraux, qui hanta John Nelson Darby jusqu'à sa mort, bref, d'une question qui nous occupe depuis toujours. Aujourd'hui encore.

Oui, mais il y a dans les échappées belles du pasteur piémontais la manifestation de quelque chose qui tout à la fois résiste et répond à cette question, une expérience qui nous est commune et qui ne se constitue pas sur des ruines comme chez Darby, ni sur des rivalités comme chez les radicaux et les libéraux. Quelque chose de très commun et de très lumineux qui surgit là, sous nos yeux : l'existence. Si simple qu'elle en est difficile à saisir. Ces instants ne suffisent évidemment pas à faire une vie, mais ils nous mettent à coup sûr en présence de ce qu'indiscutablement nous partageons : une terre, des corps, des couleurs et quelque chose comme un ciel.

Alexis Muston cherchera tout au long de sa vie une passe qui lui permette à la fois de vivre seul, libre et avec les autres, de répondre aussi bien à leurs attentes qu'à l'inattendu, de s'ouvrir à l'avenir sans se couper du passé.

Une telle exigence, on l'imagine, n'est guère compatible avec un engagement doctrinal ou idéologique qui, lui, est de tous les instants. Et il n'est pas étonnant que le pasteur se soit tenu à distance des communautés religieuses de son temps, aussi bien des revivalistes – anabaptistes, pentecôtistes, darbystes – qui stigmatisent les institutions en place, que des modernes qui travaillent à leur adaptation ou leur ravalement de façade. Car s'ils ont la vertu de fédérer les esprits, les groupes ont également le défaut de les paralyser. Aux appartenances qui plombent nos vies et induisent des loyautés de complaisance, il préfère cet état d'indifférence et d'éveil qui lui permet de vivre sans rien n'exclure ni personne. On est décidément bien loin de la détermination de Darby et de l'Assemblée.

Il s'avère également que la quête d'un tel équilibre est difficilement conciliable avec la recherche académique et l'enseignement. Nulle surprise donc à ce que Muston ait refusé de faire carrière et décliné les chaires de professeur qu'on lui propose à Lausanne et Turin. Pas assez fort pour cela, écrira-t-il, juste assez bon pour accompagner les paroissiens dont il a la charge. Si bien qu'il n'ajoutera aucun livre à l'histoire des religions, pas même celui auquel il a songé et qui aurait rassemblé sous un même toit Socrate, Héraclite et les catholiques, les protestants et les athées, bref, toutes les femmes et les hommes de bonne volonté et de bon sens. Un livre qu'il aurait intitulé *La Religion dégagée des religions*[1].

Cette réserve constante du Piémontais à l'égard des groupes et des doctrines ne doit pas nous faire penser qu'il vécut comme un SDF, un orphelin ou un ermite. Adhérent de

---

1. Ce titre fait écho à un celui d'un livre que John Nelson Darby aurait pu écrire : *L'Église dégagée des Églises.* Ce titre et ce livre auraient en effet très exactement décrit le programme auquel l'Irlandais a travaillé toute sa vie. Faut-il entendre par là qu'il y a du fondamentalisme chez Alexis Muston ? Évidemment non. La seconde partie de ce livre en témoigne.

l'Église vaudoise du Piémont jusqu'à son exil, il ne l'oubliera jamais, même lorsqu'il rejoindra l'Église protestante de France ; il demeurera fidèle à ces deux vénérables institutions qui l'ont à la fois accueilli et laissé libre de ses mouvements.

Quant aux éléments pratiques ou doctrinaux qui les distinguent, ils ne l'ont jamais embarrassé ; sa vie d'exilé lui a appris à les considérer d'un œil amusé, intrigué même, plutôt que contrarié et emprunté. Muston a été d'abord un pasteur de base, plus occupé par la vie de ses paroissiens que par les travaux des consistoires. Il le répétera à plusieurs reprises, s'il a accepté le ministère à Bourdeaux – après celui de Rodoretto –, c'est parce que la vie n'a de prix que par le bien que l'on y fait et que le pastorat est l'une des professions où l'on peut en faire le plus.

Il aime s'arrêter sur les seuils des maisons paysannes, écouter leurs habitants dont la sereine résignation répand en lui la paix qu'il recherche. Alexis Muston n'aspirera à rien d'autre qu'à accomplir au mieux les tâches que requiert sa fonction : il présidera aux baptêmes, aux mariages et aux enterrements, consolera et soignera ceux qui le lui demandent ; il fera construire plusieurs temples au pied de la forêt de Saoû où il vivra honnêtement, sans jamais cacher ses doutes et ses faiblesses.

Nous ignorons tout des discours que le pasteur adressait à ses paroissiens, le dimanche, du haut de la chaire des chapelles des Tonils, de Mornans ou du Poët-Célard ; aucun de ses sermons ne nous est parvenu. Mais nous disposons de son journal : nulle trace de discussions théologiques ou de mises au point doctrinales, aucune dissertation sur la grâce ou le péché, la fin du monde, la résurrection ou la rédemption, autant d'idées que le pasteur n'abandonne pourtant pas. Mais ces idées qui nous viennent de la tradition ne nous condamnent pas à les répéter comme un catéchisme ou, à l'inverse, à nous y opposer. Elles nous invitent au contraire à nous en affranchir en leur insufflant un sens nouveau, capable de nous rendre la confiance qui nous manque ; à nous réjouir des choses et des êtres qui nous entourent ; à nous lancer à notre tour dans l'existence, en nous saisissant de ce rien, ce presque rien que nous partageons et qui nous rend présents à nous-mêmes et aux autres.

En ce sens le pasteur est resté très religieux, mais la foi qui l'habite ne ressemble plus à la foi étroite, exclusive, exaltée de beaucoup de ses contemporains ; elle n'est pas non plus, comme chez John Nelson Darby, une certitude coextensive à la vérité scripturale.

La foi du Piémontais est sans objet déterminé, intransitive. Elle est cette force anonyme qui l'animait enfant au saut du lit, dans les châtaigneraies de Bobbio ou sur le sentier qui longe le Pellice. Elle est cette expérience très banale qui pousse l'homme à se lever le matin, à exister et à aimer.

La foi est désir et habite tout autant les croyants qui confient leur vie à des puissances supérieures, que les mécréants ou les agnostiques qui la leur refusent. Elle est cette confiance qui accompagne le chercheur dans ses calculs et ses conjectures. Profane, faudrait-il dire, avant d'être religieuse, la foi règne en amont de toutes nos actions et décisions. Elle est à l'origine de notre assurance que le monde ne se dérobera pas sous nos pieds et que le soleil reviendra demain.

Les hommes d'Église ont eu tort de recourir à une logique de la preuve pour justifier des vérités qui n'ont rien à voir avec celles des botanistes, des entomologistes ou des glaciologues. Quant aux idéologues des sciences, ils commettent la faute de prétendre que la connaissance rationnelle peut avantageusement remplacer les vérités religieuses. Les uns et les autres se trompent. Connaître, ce n'est pas exister. Ces deux modes de l'être sont en réalité incommensurables. Ils coexistent comme deux manières d'être au monde.

Religieux donc ? Comme nous tous qui, chaque matin, décidons de prolonger notre vie sans l'abréger ou tirer au plus court.

Les sérieuses réserves d'Alexis Muston à l'égard des groupes ne l'ont pourtant pas empêché d'être de son temps : il herborise avec des amis, homéopathise et manie à ses heures la baguette du sourcier ; il s'essaie à l'astrologie, à la chiromancie et au magnétisme. Il s'intéresse également, avec les saint-simoniens et les socialistes, aux idées d'association et de solidarité ; il n'est pas scandalisé lorsque Hennequin lui confie que le Christ n'est en réalité que le précurseur de Fourier. Et lorsqu'il rend visite dans les Hautes-Alpes au directeur des mines de cuivre du Chardonnet, un républicain sincèrement préoccupé par les améliorations sociales, le pasteur ne dissimule pas son plaisir. Il est aux anges lorsqu'il apprend que ce responsable industriel souhaite construire une école, intéresser ses ouvriers aux résultats de son entreprise et mettre sur pied une caisse de retraite et de secours. Le Piémontais ne peut s'empêcher de conclure : « Voilà un homme matérialiste dans la forme et chrétien dans le fond ! »

En 1850 il affirmera que socialiste il l'a toujours été et que tout homme de bon sens l'est au fond de lui. Il regrette pourtant que le socialisme n'engendre que chapelles et querelles, et craint que ses promesses ne s'envolent bien vite. Vivre c'est tout autre chose qu'argumenter ou promettre.

Dans une succession de notes qui rassemblent sans solennité la réalité des jours ordinaires, le journal d'Alexis Muston témoigne de l'art que son auteur mit en œuvre pour abouter les éléments de sa vie. Sans rien en exclure. Autant dire que celle-ci ne saurait se raconter comme celle de John Nelson Darby ; elle n'est pas une épopée ou un récit qui se jouerait en quelques actes mais le déploiement de morceaux disparates que l'écriture fait tenir ensemble, soigneusement numérotés, jamais définitivement versés dans le passé ni coupés de l'avenir, sans cesse relancés, à l'image de nos vies.

Cette suite de notes n'est pas sans ressemblance avec le *Cahier de recettes* que la mère du pasteur a rédigé en 1809, qui combine dans une écriture soignée les herbes du potager, les cèpes et les baies des bois, les fleurs d'acacia et les fruits du sureau, le miel, la viande de porc ou de veau, avec des ingrédients importés de Gênes ou de Marseille – des morues, des épices, des artichauts, des citrons et des oranges. Le fils aurait-il appris à vivre dans la cuisine maternelle ? Sa vie aurait-elle davantage à faire avec l'art culinaire qu'avec celui du roman ? « Heureuses, écrit le pasteur, les vies qui n'ont pas d'histoire. »

Rendre compte de la vie du pasteur de Bourdeaux, ce n'est donc pas raconter un enchaînement d'événements qui se succéderaient selon l'axe du temps, comme aimantés ou justifiés par une fin, mais décrire une coexistence d'états, leur tension, leur jeu, leur équilibre.

En automne 1850, Muston se rend à Crest pour discuter avec des collègues de quelques points sensibles de la religion réformée. Le soir, ils se retrouvent sur les rives de la Drôme, s'y promènent et, parce qu'ils sont tous un peu poètes, jouent aux bouts-rimés. Le jeu consiste à rédiger un poème en usant de mots fixés d'avance. Ce jour-là, raconte Muston, ils sont invités à composer un poème dans lequel doivent impérativement figurer les mots de *socialiste*, *bonté* et *carliste*, *loyauté*, *thé* et *panthéiste*. C'est à cette tâche difficile que Muston consacrera ses jours, si difficile qu'il se réjouira certains soirs d'être simplement vivant. Il n'est pas aisé de faire coexister dans une même vie les peines et les joies, les charges professionnelles et la grâce, les obligations collectives et les échappées solitaires.

Ses voyages en témoignent, notamment celui qui le conduit à Genève et à Lausanne, en 1864, pour convaincre de bonnes âmes de financer un temple qu'il a décidé de faire construire près de Bourdeaux.

Arrivé à Genève en juillet, il s'installe dans la chambre 55 de l'Hôtel de l'Écu et fume un cigare sur le balcon tandis que le soleil se couche derrière le Jura. Le lac le ramène trente ans plus tôt ; il songe à ce pays de collines qu'il aime et dans lequel, dans une autre vie, il aurait aimé naître ou s'établir.

S'y retrouver le réjouit mais demander de l'argent à de riches protestants le met mal à l'aise. Il se rend pourtant le lendemain dans le manoir de Valeyre-sous-Rances où se sont établis Valérie Boissier et Agénor de Gasparin. Belle soirée au clair de lune mais le pasteur ne dira rien de l'argent qu'il a soutiré à ses hôtes. Il fait halte quelques jours plus tard sur les bords du Léman et frappe aux portes des belles propriétés qui le dominent. Silence encore sur les résultats financiers de ses visites. Ce que l'on sait, c'est qu'au soir de la journée passée avec les châtelains de Dully, il monte dans la chambre préparée à son intention et se penche à la fenêtre, seul et triste face au lac noir d'encre. Une nuit épaisse enveloppe le Mont-Blanc. Muston n'est pas dans son assiette, quelque chose plombe sa vie et le met dans des dispositions sombres. Sont-ce les demandes d'argent qui alourdissent le cours de ses heures ? Sans doute. Muston sent monter en lui une immense fatigue dans laquelle viennent se mêler dégoût et regrets.

La nuit le remet d'aplomb et il quitte ses hôtes de Dully le lendemain matin, pour faire une visite à la veuve de Jean-Gabriel Eynard dans son château de Beaulieu près de Rolle. Un sentiment de faillite l'envahit à nouveau, qui se dissipe lorsqu'il quitte les lieux. Sortir, sortir enfin ! Il file à la gare comme un mendiant éconduit, traverse un champ, longe un ruisseau et, parce qu'il a un peu d'avance, s'allonge à la lisière du bois. Le Mont-Blanc surgit dans le lointain et, soudain, sans en connaître la raison, ce qui était pesant s'allège et ce qui était amer devient aimable. Le bonheur d'exister est à nouveau là, provisoire mais intégral et salutaire.

Cette tension, il l'éprouve également dans sa vie de sédentaire à Bourdeaux. Et c'est pour en apprivoiser les effets qu'il se rend à la ramière de Bine, à quelques kilomètres de chez lui, dans le creux d'une dépression cachée derrière un rideau de roseaux, fourrée de gazon et de mousse, semée de pierres et de vieux troncs, d'où émergent quelques arbres sur lesquels s'accroche du lierre.

Muston en a fait un refuge pour dessiner, lire, écrire puis s'étendre, la tête à l'ombre et les pieds au soleil, avec tout autour les frondaisons des aulnes et des saules qui s'emmêlent et s'enlacent. La terre s'éveille alors et le pasteur s'ouvre aux alentours. Rumeurs, cris et bruits de fléaux, boutades et chansons lui parviennent, tandis que l'eau du ruisseau ravive l'odeur de la tourbe et le soleil celle des foins.

Alexis Muston n'est pas seul à vivre de tels instants. D'autres en ont fait ailleurs l'expérience, sur une île, dans un jardin ou à la montagne. Élisée Reclus[2] qu'il rencontre à l'occasion d'un important projet éditorial – que j'évoquerai tout à l'heure –, raconte la sienne dans son *Histoire d'une montagne*. Il y relate comment la tristesse

---

2. Il n'est pas inutile de savoir que Reclus, enfant, a été en contact avec les revivalistes protestants du sud-ouest de la France, dont a fait partie son père, un évangélique exalté plus d'une fois tenté par le darbysme. Ce lourd héritage n'empêche pas le fils de reconnaître ses dettes et de confier à sa mère, dans une lettre d'avril 1851, que sa foi est intacte, aussi grande que celle de son père. C'est elle qui l'a appelé à gagner son indépendance, à dénoncer les tyrannies et à stigmatiser les groupes de pression. Mais aussi à s'aventurer loin des pesanteurs de la ville et à trouver un remède à sa grande lassitude.

et la lassitude, mais aussi la ruine de ses projets et de ses espérances, les passions tristes et la foule l'ont obligé à s'échapper, soit pour mourir, écrit-il, soit pour retrouver des forces. Il suit des chemins de montagne jusqu'à un défilé dans lequel s'enfonce un sentier étroit. Il atteint au terme d'une longue marche une habitation, c'est la cabane d'un berger qui lui offre l'hospitalité. Les fantômes qui le hantent relâchent bientôt leur étreinte et un monde nouveau – rochers, pâturages, cascades, lacs, forêts – se lève et l'apaise. Son hôte, solitaire et mal instruit, lui fait connaître les plantes et les roches. Reclus lui confie à son tour ce qu'il sait. Une collaboration naît de ce commerce élémentaire, d'où naît une communauté seconde, qui s'accroît de l'insecte, du papillon et des galets du torrent, des crocus et de l'oiseau chanteur, avec lesquels le jeune Reclus passe de longues heures couché dans l'herbe. Il regarde et écoute cette assemblée d'infiniment petits qui n'exclut rien ni personne.

Du sommet des Trois-Becs, le pasteur devine que cette paix et cette joie d'exister ne connaissent pas de patrie. Il voit à l'horizon le soleil se lever et découper au chalumeau les Alpes du Piémont. Le Monviso rougeoie, deux cent cinquante kilomètres l'en séparent. C'est un enchevêtrement de collines qui font le dos rond, se cachent dans les plis de leurs voisines avant de se perdre dans le lointain. Il imagine le chemin qui y conduit, à cheval jusqu'à La Motte-Chalancon ; en diligence de Gap à Embrun, puis à pied de Guillestre à Abriès, de l'Échalp au col de la Croix d'où l'on roule en bas la vallée du Pellice jusqu'à Bobbio et Torre Pellice.

Curieux de tout, ému d'un tussilage des neiges comme d'un orchis, le pasteur aime s'y aventurer, dessiner un aster, la courbe d'un sentier ou un bloc erratique, marcher en compagnie d'un journalier ou d'un colporteur, d'un méthodiste ou d'un missionnaire. Ou d'un soldat en permission une fleur à la boutonnière. Alexis Muston aura lui aussi la sienne qu'il piquera au col de sa veste ; il la dénichera au fond du Queyras, à l'instant même où, n'y croyant plus, il se débarrasse de son herbier et s'assied, épuisé, tout près des fleurs jaunes de cet *Isatis alpina* qu'il cherche depuis plusieurs jours.

Solitaires, botanistes et géologues, pasteurs, entomologistes et géographes, ils sont nombreux au XIXe siècle à chercher à concilier, loin des foules, leur soif de connaissance avec leur désir de liberté et de solitude.

Jusqu'à les conduire à d'inextricables contradictions. Les connaissances du milieu alpin en effet, qu'Alexis Muston et

Élisée Reclus ont acquises à l'occasion de leurs courses solitaires dans les Alpes, ne passent pas inaperçues. Adolphe Joanne leur propose en 1859 de participer à l'établissement d'un guide qui comprendra, dans sa seconde partie, la Drôme, les Hautes-Alpes et le Piémont. L'*Itinéraire du Dauphiné*, paru en 1863 et diffusé dans les gares, connaît un immense succès. D'autres guides suivront.

Le paradoxe aura donc voulu qu'Alexis Muston et Élisée Reclus ouvrent les Alpes aux foules qu'ils ont voulu fuir. La montagne ne sera plus ce refuge promis aux solitaires et aux exilés mais un espace cadastré et balisé, ouvert à tout un chacun. Personne n'ira plus désormais sans son guide dans les Hautes-Alpes ou le massif du Monviso ; il suffira à celui qui s'est perdu de le sortir de sa poche et de le consulter avec la foi du catéchumène pour se retrouver à nouveau sur le bon chemin.

Cette contradiction, le pasteur piémontais l'a vécue à d'autres occasions, notamment en 1858 lorsqu'il accepte de rédiger un article dans *L'Illustration*, contre rétribution, pour vanter le percement d'une galerie. Son article, intitulé « Projet d'un nouveau tunnel sous les Alpes », met en avant les avantages commerciaux d'un tel ouvrage, qui assurerait un transport rapide des hommes et des marchandises entre l'Italie et la France, hiver comme été. Il n'hésite pas à décrire avec lyrisme l'émerveillement des touristes au sortir du tunnel, découvrant, sans avoir fait un seul pas, la sauvagerie des hautes vallées du Pellice ou du Guil[3].

3. Ce projet d'une voie rapide, ferroviaire ou routière, restera à l'ordre du jour jusqu'en 1977, date de son abandon à la suite de l'ouverture officielle du Parc naturel régional du Queyras.

Mais Alexis Muston n'est pas dupe, quelque chose a lâché depuis que le monde est orphelin de ses rois et que Dieu s'est fait plus discret. Ce qui consolait autrefois ne console plus ; ce qui rassemblait ne rassemble plus. Le Piémontais raconte l'histoire de Suzanne et de Louise, deux filles choyées par leur père voltairien. L'une et l'autre sont d'un esprit supérieur et d'une grande culture, elles parlent l'anglais, l'allemand, l'italien, peignent et font de la musique. Elles ne parviennent pourtant pas à trouver la paix lorsque leur père meurt. Le souffle du XVIIIe siècle est passé par là, écrit Muston, les Lumières ont bouleversé nos représentations et nos attentes ; elles ont effacé les douces lueurs des anciennes croyances si consolantes dans l'affliction.

C'est dire que le Dieu de Muston n'est plus le vieil homme barbu qui tance ou félicite les malheureux ni, comme chez John Nelson Darby, ce condensé de puissances qui règne sur la destinée du peuple élu. Le Dieu de Muston est sans visage et sa majuscule ne tient plus qu'à un fil ; c'est un dieu sans contour, insaisissable et silencieux. Le pasteur ne lui adresse plus ni requête ni blâme ; il n'en attend rien. Et lorsqu'il se manifeste, c'est sans avertir et sans dire son nom.

Chapelet d'épiphanies que cette vie-là. Alors qu'il séjourne dans le Queyras au lendemain de son exil, hésitant sur le sens à donner à sa vie, le jeune Muston se rend quelques jours à Grenoble d'où il fait une excursion à la Grande Chartreuse. Avec ses corridors et ses cellules, le monastère lui fait penser à une prison. Il déplore l'oisiveté des moines et l'inutilité de leur vie qui se consume dans l'égoïsme d'un salut personnel. Il ironise sur ces hommes enfermés dans leur cellule avec, dans leur dos, suspendus au mur, les portraits peints de vierges à demi nues. Le pasteur broie du noir, désespéré par ce qu'il voit quand, soudain, un vieux chartreux, après s'être prosterné et avoir estropié quelques mots de latin, se met à chanter au milieu de l'église du monastère. D'une voix si belle, écrit le pasteur, si pure et si pleine, si pénétrante que le monde en est transfiguré.

Muston raconte avec grâce cet instant de joie qui brille dans sa vie comme ce dimanche de juin à Lausanne, lorsque les cloches sonnent à toute volée et qu'il s'apprête à entrer dans l'église de Saint-

Laurent. Il est à nouveau las, las des cultes qui se répètent chaque dimanche, sans poésie, las des habitudes et des obligations, las des pasteurs, des prières et des prêches. Ne pas entrer, surtout ne pas entrer dans cette église. Rester dehors. S'enfuir. Il descend à la hâte les escaliers du perron et file à Ouchy ; il monte dans un bateau qui longe Lavaux jusqu'à Montreux où se sont réfugiés Hermione et Edgard Quinet. Bonheur de l'amitié.

Passion joyeuse encore cet autre dimanche de juin quand, fatigué par une journée trop remplie, le pasteur entre dans une église de Lyon, monte à la galerie d'où il écoute la prédication d'un collègue. Mais ses paroles sonnent creux, si creux que Muston s'assoupit. Et c'est du fond de cette dépression que, sans avertir, par un renversement imprévu, la vie revient. Les gazouillis d'une colonie de moineaux se glissent par la porte entrouverte et un rayon de soleil en profite pour pénétrer à son tour. Ils soulèvent ensemble le toit de l'église dont ils font tomber les murs. Le pasteur est converti.

Ces instants de joie profane, qui relèvent indubitablement du vrai, mais d'un vrai qui ne se laisse ni enclore ni déduire, ont certainement conduit Muston à jeter un regard neuf sur le christianisme. Il s'intéresse d'ailleurs aux travaux de Darwin et rêve d'une enquête systématique et objective sur l'enfance de l'humanité, d'une généalogie qui devrait nous conduire, écrit-il, à réévaluer nos conceptions et à reconnaître que le vent, la pluie, les oiseaux, les montagnes et la rosée ont une personnalité. Et que ce sont à ces réalités-là que, peut-être, s'est attaché au commencement le sentiment religieux inhérent à la nature humaine.

Chaque matin, le pasteur ouvre un œil lorsque le chardonneret de sa fille lance du fond du couloir de leur maison à Bourdeaux une série de *chi-gri chi-gri*. Il laisse l'oiseau finir sa phrase avant de lui répondre dans sa propre langue. L'oiseau l'écoute religieusement puis lance une nouvelle salve : *chi-gri chi-gri*. L'un et l'autre ont compris, le pasteur se lève et l'oiseau sautille d'allégresse. C'est la Pentecôte. Oui *piccolino*, oui *cardellino mio*, mon cher petit, *sottigliozzo cantore*, attends un peu, *tè nè valu kèré*.

Lorsque le pasteur revient, le chardonneret bat des ailes et se retire au fond de sa cage, feignant d'ignorer son bienfaiteur qui ouvre le guichet et dépose dans sa mangeoire une poignée de graines de tournesol. Sitôt que la porte est refermée l'oiseau saute sur le barreau inférieur, incline la tête à droite, incline la tête à gauche, lisse ses plumes, allonge le cou, pique une graine, la décortique et l'avale.

Le pasteur ne s'en lasse pas et voudrait écrire ce temps hors du temps et dans le temps, qui revient chaque matin, ce monde au milieu du monde et eux dedans. Il rêve d'écrire un poème à la gloire de ce prisonnier à frac noir et à longs pans, galonné de jaune et boutonné de blanc qui, dans sa prison, ne se départit pas de sa noblesse et de son élégance.

Le sacré est décidément à l'étroit dans les prières et les livres ; dans les catéchismes et les chrestomathies ; dans les tabernacles, les églises et les cathédrales. Le sacré ne supporte pas d'être enfermé ; c'est un amateur de grand large et de grand air, il n'aime pas les frontières. Alexis Muston en a une conscience aiguë et, toutes les fois qu'il le peut, descelle les boîtes, les cages et les tabernacles dans lesquels l'homme a cru pouvoir l'enfermer. Il lui offre l'hospitalité dans son journal, espérant peut-être qu'il passera ainsi de main à main, de la sienne à la nôtre et de la nôtre à celle de nos enfants. Comme au jeu du furet ou de la bague d'or.

Non, Muston n'est pas seul, il existe en deçà des communautés fermées une communauté ouverte, dispersée ; une communauté d'hommes et de femmes, vivants, morts et à naître, d'oiseaux, de ruisseaux et de fleurs ; une communauté d'existence qui surgit là où on ne l'attendait pas, toujours à venir ; une communauté d'attention rendue visible par les signes que nous envoient ceux qui, par intermittence, lui appartiennent.

Les sociétés européennes dans lesquelles John Nelson Darby et Alexis Muston sont nés au début du XIXe siècle ont justifié leur parti pris technique et industriel par une série de promesses qu'elles ont en partie tenues : amélioration de nos conditions de vie et réduction de nos peines, multiplication des biens et des services, mobilité accrue, santé. Mais à quel prix : privatisation des biens communs, répartition inégale des richesses, défausse générale des responsabilités, paupérisation et judiciarisation des liens interpersonnels. L'Irlandais et le Piémontais ont-ils anticipé cette faillite sociale autant qu'existentielle de nos sociétés industrielles ? Je l'ignore mais, ce qui est sûr, c'est que ni l'un ni l'autre n'ont souscrit à ce programme.

John Nelson Darby s'en est détourné en décidant de reprendre les choses à zéro. Il y est parvenu au début, en usant de méthodes qui, en raison même de leurs succès, ont montré leurs limites puisqu'il lui a fallu, chemin faisant, resserrer l'étau, recourir au tranchant de la décision, raccourcir des têtes et exclure.

Alexis Muston s'est tenu lui aussi à distance des promesses de l'après-révolution et ne s'est pas laissé aveugler par les progrès techniques. Car il existe à ses yeux, en amont de ceux-ci, quelque chose d'à la fois immuable et de terriblement vivant, quelque chose de très commun et de très lumineux, sans lequel nous ne serions rien. C'est pour rejoindre ce territoire que le Piémontais a pratiqué quelque chose comme un art de vivre en temps de crise, un art de l'évasion et de la déportation, de l'exil et du détour.

Mademoiselle Engelbach ne s'y est pas trompée. Lorsqu'elle le reçoit chez elle en août 1834 à Bâle, le jeune diplômé de Strasbourg est en route pour Rodoret mais n'est pas pressé d'y arriver ; il a déjà zigzagué depuis quelques jours entre Mulhouse et Fribourg-en-Brisgau. Avant de se quitter, il décrit à son hôtesse les deux voies qui se présentent à lui : la première par Soleure et Morat coupe au plus court ; la seconde par l'Oberland bernois allonge considérablement sa route. Le choix n'est pourtant pas difficile, les détours sont toujours préférables aux lignes droites. Le jeune pasteur s'explique : c'est une manière de mieux s'attacher au pays que l'on traverse, d'apprendre à le connaître et de le mieux aimer encore.

Mademoiselle Engelbach a alors cette heureuse expression : *Je vois bien que vous êtes l'apologiste des détours !* À quoi le pasteur ajoute : *On va souvent chercher bien des sujets d'admiration qu'on trouverait peut-être auprès de soi.* Tous deux en sont convaincus, les détours ne sont pas une simple fantaisie, ils permettent à ceux qui s'y adonnent de voir du pays sans être obnubilés ou aveuglés par leur destination.

Alexis Muston quitte Bâle le lendemain matin, traverse Baden qui fête la décapitation d'un curé. Dès Lucerne, son voyage devient une fête : l'ascension du Rigi, l'auberge, les filles d'un colonel anglais, la veillée, les chansons et le repas tiré du sac, sa courte nuit et le premier soleil qui éclaire les cimes enneigées de la Jungfrau, de la Gemmi et du Galenstock. Il s'émerveille de leurs couleurs changeantes, se penche sur le poudingue du Rigi et l'histoire de Guillaume Tell dont la légende rôde autour du lac des Quatre-Cantons. Andermatt et le Grimsel ensuite en compagnie d'un guide ; ce serait trop bête de passer à côté des glaciers et des cascades de l'Oberland sans s'y arrêter. Et si la succession de ces détours, qui s'emboîtent comme les cycles et les épicycles des planètes dans le ciel de Ptolémée, ne sont pas du temps perdu, c'est parce qu'ils conjuguent les bienfaits du mouvement avec ceux de la halte. Et qu'ils offrent un terreau à l'amitié.

Muston se souvient de sa rencontre avec Georg Büchner en 1833. Croisé sur les bancs de l'Université de Strasbourg, il le retrouve quelques années plus tard à Darmstadt alors qu'il se documente sur l'établissement des vaudois des Vallées. Sa pratique de l'allemand est hésitante ; Büchner lui donne alors un coup de main au château où se trouvent les archives. Ce qui ne leur interdit pas de prendre du bon temps. Georg Büchner emmène son ami au musée, lui fait voir la monstrueuse mâchoire du *Deinotherium*, un édenté de taille exceptionnelle qui s'en servait pour fouiller la terre ; il lui fait voir ensuite la salle où sont conservés des objets du culte catholique. Ils sont là, lui explique-t-il, les vrais fossiles.

Ces journées au cours desquelles les deux amis alternent le travail et la flânerie resserrent si bien leurs liens que Büchner décide, au moment de se séparer, de changer de programme et d'accompagner son ami sur le chemin du retour.

C'est le matin, les deux hommes traversent un bois, l'herbe ruisselle de lumière et de rosée ; aux sapins se mêlent des hêtres dont ils croquent les faines. Aux voies rectilignes ils répondent par l'école buissonnière, le retard et l'amitié. Ils font halte à midi, se reposent une paire d'heures, reprennent la route, s'étendent une nouvelle fois sous une charmille avant de continuer jusqu'à Heppenheim où ils passent la nuit.

Ils discutent à l'aube rénovation religieuse et sociale, États-Unis d'Europe et République universelle, en même temps qu'ils cherchent une réponse à la brutalité et à la cacophonie du monde. Ils la trouvent après avoir suivi un sentier qui les conduit du fond de la vallée à un belvédère, d'où ils aperçoivent les ruines d'un château et quelques maisons dispersées restées en arrière de l'histoire. Ils se quittent sans savoir qu'ils ne se reverront plus.

Alexis Muston consignera d'autres détours dans les quatre-vingt-treize cahiers de 19,5 centimètres par 14,5, cousus main, déposés par ses héritiers au fond d'un carton à chaussures à Marsillargues dans l'Hérault. Mis bout à bout – et peu importe dans quel ordre –, ils n'en font qu'un.

Oui, la vie mérite le détour. C'est le seul credo du Piémontais qui l'honore au soir de sa vie, lorsqu'il décide de se rendre une dernière fois à Lausanne. De la chambre d'hôtel où il se réveille, le dimanche 6 septembre 1885, le vieil homme écoute les cloches de Saint-François qui le ramènent à ses 15 ans et à ses amis d'autrefois. Il va les saluer sitôt levé : Édouard Raoux qui a fondé l'Asile de vieillards pauvres et malheureux ; Madame Ducloux, l'épouse de l'imprimeur ; Louise, la fille de Charles Secrétan dont il a lu la *Philosophie de la Liberté* et le pasteur méthodiste Gallienne qu'il a connu à Bourdeaux.

Le temps lui manque de les saluer tous. D'autant qu'il s'est promis de faire un détour par Brenles où officie Jean-Jacques Parander, un pasteur des Vallées exilé dans ce petit village de la Broye. Il monte en début d'après-midi dans le train qui grimpe à travers les vignes au-dessus du lac avant de disparaître derrière des collines verdoyantes.

Il laisse sa valise à la consigne de la gare de Moudon et, un petit sac de cuir chagriné en bandoulière, il tire de la haie un bâton de coudrier. Le chemin à double ornière est raide, il peine et se souvient de la conversation de la veille avec Louise Secrétan ; s'il avait écouté ses conseils, il aurait pris le train de Romont et se serait épargné une bonne heure de marche. Mais le pasteur ne regrette pas ce temps perdu ; il fait la connaissance d'une jeune fille qui conduit ses vaches au pré. Ils s'asseyent au bord d'un ruisseau en face des fermes de Beauregard, s'entretiennent des travaux de la campagne ; en contrebas le ruban de la Broye file en direction du lac de Morat.

Jean-Jacques Parander est venu à la rencontre de son ami avec sa carriole. Comme la soirée est fraîche, les deux amis la passent autour d'un feu. Ils évoquent l'histoire des vaudois des Vallées, l'exil de leurs ancêtres et le leur tandis qu'il pleut à verse. Le lendemain les nuages sont bas, les deux vieux pasteurs s'installent au salon, fument et boivent du thé, ils ont tant à se dire. Muston raconte sa modeste vie à Bourdeaux, Parander la sienne à Berlin, Turin, Saint-Gall. Ils se quittent le jeudi sur le quai de la gare de Moudon. Muston abandonne son bâton de coudrier contre le mur de la salle d'attente et récupère sa valise à la consigne, il ne reviendra pas en Suisse.

Ce qui remue le lecteur à la lecture de ces lignes, c'est leur dénuement. Il ne s'agit en réalité que de la rencontre de deux vieux amis un peu perdus, un peu désœuvrés, oubliés, qui se retrouvent après une longue absence, deux solitaires sans âge et sans appartenance, sinon celle, précisément, de faire partie de la communauté des solitaires, dont il serait vain de vouloir faire l'inventaire ou dessiner le contour : Georg Büchner mais aussi une bergère, un chardonneret, une fleur, Alexandre Vinet. Une communauté réduite à l'élémentaire, qui se manifeste à l'improviste et ne prend appui sur rien ; une communauté sans éclat qui nous fait comprendre qu'avant de partager un sang, un sol ou une croyance, nous partageons le simple fait d'être là.

1844

Rien n'est plus agréable, dans un voyage pédestre, surtout lorsqu'on est seul, que ces rencontres d'amitiés sympathiques et passagères, esquissées en quelques heures, qui auraient tout ce qu'il faut peut-être pour devenir des amitiés durables, et dont on ne jouit qu'un jour, mais avec l'impression d'une oasis rencontrée dans le désert.

...

On se quitte à regret, on se retourne encore de part et d'autre pour se saisir d'un dernier regard ; puis un détour vous cache, et voilà, de toute la vie on ne se reverra plus.

Journal, cahier XI, note 534-535

Aucune affinité, aucun motif, aucune raison à cette rencontre dans le Lautaret. Rien ne lie en effet Alexis Muston à cet inconnu, aucun passeport aucun souvenir, ni sol ni sang. Ils n'ont rien en commun sinon le fait même d'exister et de passer. Instant sans suite, pure sensation de soi et de l'autre. De soi comme autre et de l'autre comme soi. Ensemble et seuls. Moi comme toi et toi comme moi, uniques et interchangeables.

Début 1887, Alexis Muston reçoit de mauvaises nouvelles du Piémont. Son frère est gravement malade, il décide de se rendre à son chevet. Ce sera son dernier voyage dans le Piémont, par Marseille, Florence et Venise, avant de rejoindre par le col de la Croix le pays de Bourdeaux où il mourra. Dernier détour donc, mais retour aussi à cette nuit d'exil par où tout a commencé et par où tout se termine.

Le vieux pasteur quitte la Drôme le 22 juin 1887 à 3 h du matin, séjourne quelques jours à Marseille, s'attarde devant les rochers de l'Esterel dont il peint les ombres bleues. Il embarque le 26 sur *L'Isère* qui le dépose à Bastia ; le temps est couvert, il longe le quai et dessine, assis sur le môle, une rangée de maisons colorées ; un orage éclate, le vieux pasteur se réfugie dans un hôtel où il goûte à ce miel rose de Corse qu'on lui a tant vanté. Le vent du nord chasse bientôt l'orage et le soleil revient. Muston monte sur le pont de *L'Isère* qui l'emporte et fume au clair de lune ; étrange impression, il ne saurait dire s'il s'éloigne de sa destination ou s'en approche. Il passe quelques jours à Livourne où il rend visite à des cousins.

À l'aube du mercredi suivant, le train roule vers Florence ; les ors des moissons se mêlent aux verts des vignes, aux bleus du ciel et de l'Arno. Son vieil ami David Monnet l'attend sur le quai de la gare ; ils s'embrassent longuement avant de se rendre au siège de la Faculté vaudoise de théologie, au palais Salviati, où Monnet réside. Muston y pose son bagage.

Ils passent de longues heures sur les terrasses, le long des rives de l'Arno, dans les jardins ; ils visitent des galeries remplies de chefs-d'œuvre d'où, pourtant, les deux amis sortent le visage défait ; les musées ne sont que les pièges du vivant ; les visages des saintes et des vierges de Raphaël et du Titien ne remplaceront jamais celui de Giulia, la jeune fille au regard timide qui travaille au siège de la Faculté de théologie. Ils s'embrassent pour la dernière fois sur le quai de la gare de Florence.

Muston s'endort dans le train qui l'emmène à Venise, il en descend au petit matin. Que de fois il a rêvé à cet instant ! Une gondole l'emmène à Saint-Marc, les chants des marins se mêlent au clapotis des eaux noires des canaux. C'est dimanche, il est tôt, la grande place est déserte.

Il flâne les jours suivants, s'assied aux terrasses devant un café ou une glace, parfois les deux. Le vieil homme parcourt les salles de quelques musées mais l'atmosphère y est aussi étouffante qu'à Florence. Au gardien du Palais ducal qui l'encourage à visiter les cachots auxquels mène le pont des Soupirs, il répond : *Ne ho abbastanza !*

Il ne se lasse pas de la langue italienne et note dans son journal, à la volée, ceux qu'un jeune homme lance à celle qui l'a trop fait attendre : *Eh ! tardinetta, da dove vieni ?* Plus loin, des enfants jouent à cache-cache avant de piquer une tête dans le Grand Canal. Il règne à Venise un désordre qui frôle la perfection.

Halte à Milan où le vieux pasteur se balade ; il en repart avec quelques notes courtes sur la vieillesse, le sommeil et la mort. Il salue quelques amis à Turin avant de rejoindre les Vallées où son frère l'attend. Il se tient de longues heures à son chevet, se promène le long du Pellice, rend visite à ses cousines et ses cousins. Le soir, il s'assied sur le rebord de la fenêtre de sa chambre et fume, rempli de reconnaissance d'avoir pu les revoir.

Le 19 août, il se lève à six heures du matin, prend congé de sa famille et se rend à Bobbio. Il retrouve le presbytère de son enfance et fait le tour du village, jusqu'à la châtaigneraie derrière le nouveau cimetière. Le lendemain matin le ciel est couvert ; il se lève et regroupe ses affaires, sans précipitation, aucun mandat d'arrêt ne le menace plus. Un ami l'accompagne jusqu'aux pâturages de la Prà où le temps se gâte. Il pleut et le vent siffle. Le vieux pasteur est inquiet. Va-t-il avoir encore la force de rentrer ?

Lorsque le coq chante au petit matin, le vent a tourné et le ciel a viré au bleu. Un jeune Français l'aide à s'installer sur un mulet, l'aubergiste enveloppe ses genoux d'une couverture et sa poitrine d'un châle de laine tricotée, le brigadier des douanes attache sous son menton le cordon d'un képi. Serait-ce son dernier voyage ? Le vieil homme se souvient, tandis que sa monture l'emmène d'un pas sûr au col de la Croix, de sa nuit d'exil, de la tempête de neige, des visions bienheureuses apparues alors que le froid paralysait son corps. Tout aurait pu s'arrêter ce jour-là.

Début mars 1888, c'est la Sibérie à Bourdeaux, l'encre gèle. Le vieux pasteur ouvre une dernière fois son journal, mentionne la neige, le froid et sa lassitude. Il a le pressentiment que sa fin est proche. « C'est le cœur, écrit-il, qui ne se contracte plus à son aise. » Plus rien ensuite, des pages blanches, un silence qui se prolonge et laisse entendre que tout n'est peut-être pas dit.

Mais le pasteur n'aura pas le dernier mot. C'est assez que son journal l'ait accompagné jusque-là et lui ait fourni un espace, un espace dans l'espace, une île sur l'océan capable de contenir les événements dont il fut tantôt le siège tantôt le témoin : bonheurs et malheurs, amours, découragements, amis ; mais aussi le Second Empire et la Commune ; John Nelson Darby, Élisée Reclus, ses trouvailles, ses poèmes et les innombrables fantaisies du destin. Un journal dans lequel chaque chose a trouvé sa place sans qu'aucune la prenne toute.

Si cette succession de notes ne cache aucun secret, elle fait voir comment un homme a su faire tenir ensemble, comme un mur de pierres sèches ou un plancher flottant, les événements qu'il a vécus en même temps que racontés. Car l'écriture a fait partie de son existence ; c'est elle qui, note après note, jour après jour, a donné à sa vie sa cohésion et sa cohérence mais aussi son orientation et son rythme, dans ses tours et ses détours, ses emballées et ses haltes, ses crises et ses résolutions.

Mais cette écriture n'est plus, comme chez John Nelson Darby, le lieu d'une vérité originaire, révélée et conquérante mais celui d'une expérience ; elle n'est plus fondation et référence mais laboratoire et étonnement ; invention, traduction et bégaiement, reprise ; plan d'observations et de notations, de découvertes et de projections.

Le pasteur eût pu choisir autre chose qu'un journal mais ce fut un journal, sur les pages duquel le dehors s'est invité et au milieu desquelles lui, l'exilé, a trouvé un refuge. Nous avons tous besoin d'un tel lieu pour vivre, d'un jardin, d'un couvert ou d'une arrière-boutique pour nous reposer de nos courses incessantes et de nous-mêmes, revenir sur nos pas ou, soudain, prendre la clef des champs.

Oui, la décision prise autrefois par le jeune Muston de ne pas retourner dans son pays natal, mais de vivre partout comme un exilé, est la clef de son aventure ; la terre fut sa seule demeure. Jamais pourtant le pasteur n'a été seul. Il est resté attaché aux paroissiens dont il a eu la charge à Bourdeaux comme aux inconnus croisés en Angleterre, en Suisse ou en Allemagne : paysannes et paysans, bergers et bergères, déserteurs, faux-monnayeurs, amies et amis salués chemin faisant ou à l'étape, signes de la main ou mots lancés par-dessus les clôtures, de rue à rue, de champ à champ, de jardin à jardin : *hello, bonjour, guten Tag* ou *buon giorno, bom dia.*

Ne nous berçons pourtant pas d'illusions, ces politesses jetées comme des ponts par-dessus l'abîme n'annuleront pas le désarroi et la misère dans lesquels nous ont précipités les actionnaires de ce grand magasin qu'est devenue la terre ; elles ne perturberont pas les visées des trafiquants de bonheur et d'éternité, ne repeupleront pas nos campagnes ni ne raccommoderont nos liens défaits.

Elles ne nous mettront pas non plus à l'abri des menaces que fait peser sur nos destinées le désir insensé de ceux qui souhaitent, comme John Nelson Darby, reprendre les choses à zéro et organiser nos vies sur des fondements inébranlables. Cette idée séduisante mais trop simple, née de l'esprit d'individus souvent très pieux et généreux, a montré ses limites : repli d'abord, division ensuite, exclusion et pire enfin, la guerre de tous contre tous.

Tout serait donc perdu ? Non, le pasteur de Bourdeaux en a fait la preuve en s'engageant sur une voie tierce, à respectable distance des marchands et des prêtres, loin des grandes surfaces et des chapelles étriquées, sur un chemin qui n'a ni commencement ni fin. Il nous invite aujourd'hui à l'emprunter à notre tour, à nous y attarder et y goûter aussi longtemps que nous en aurons la force. Non pas seuls mais en compagnie de ce *nous* dispersé dont nous procédons, ouvert et instantané.

Ne possédant rien, le Piémontais n'a eu à céder sur rien. Nulle part chez lui ni non plus chez les autres, il ne s'y est senti bien qu'ainsi, avec eux et loin d'eux. Or cette vie d'exil qu'il a choisie, nous savons que c'est désormais la nôtre, que la terre dont nous croyions pouvoir disposer à notre guise est une demeure fragile où nous ne faisons que passer. Il convient d'en prendre soin et de n'y toucher que du bout des doigts, d'y séjourner au rythme de ses respirations et de n'en exclure rien ni personne, comme le pasteur s'y est employé dans son journal et dans sa vie.

Difficile de ne pas éprouver de l'admiration pour cet homme qui a su résister aux chimères idéologiques de son temps, et se tenir en amont des engagements partisans, dans cet état d'attention active qui seule est à même d'offrir une chance à l'avenir.

Le 2 avril 1888, le vieux pasteur se rend dans la chapelle de Truinas, à sept kilomètres de Bourdeaux, pour y célébrer le culte du lundi de Pâques. Il prend froid et rentre chez lui très affaibli. On ne sait rien des jours et des nuits qui ont suivi, rien non plus de son agonie sinon qu'il est mort le 6 avril 1888.

J'ose espérer que le vieil homme eut le temps, et les forces, de fermer la porte derrière lui, d'ouvrir les fenêtres de sa chambre et de s'abandonner au temps sans plus chercher à retenir le passé et l'avenir. Je l'imagine immobile dans son lit, sans plus d'attache, porté par l'immédiat, comme dans une barque poussée par le vent. Je l'imagine se laisser glisser au fond de l'embarcation qui l'emmène là, tout près, entre ciel et terre, les yeux mi-clos, tandis que la nuit tombe sur le bourg et que des chants montent de la place de l'Église.

Dettes

Giorgio AGAMBEN, *L'Aventure, L'Amitié, La Profanation* | Jean-Christophe BAILLY, *La Comparution, L'Élargissement du poème* | Jean-Pierre BASTIAN, *La fracture religieuse vaudoise* | François BERTHOLET, *Lettres* | Yves BONNEFOY, *La poésie et la gnose* | Patrick CABANEL, *Alexis Muston, le Michelet des Alpes* | Roger CAILLOIS, *Le fleuve Alphée* | Frédéric CUENDET, *Souvenez-vous de vos conducteurs* | Jacques DERRIDA, *Politiques de l'amitié, La vie la mort* | Marion FIELD, *John Nelson Darby. Prophetic Pioneer* | Sigmund FREUD, *Au-delà du principe de plaisir, Analyse terminée et analyse interminable* | René GIRARD, *La violence et le sacré, Des choses cachées depuis la fondation du monde* | David GRAEBER, *Pour une anthropologie anarchiste* | Georg Wilhelm Friedrich HEGEL, *Journal d'un voyage dans les Alpes bernoises* | Jeremias GOTTHELF, *L'argent et l'esprit, ou la réconciliation, Le Miroir des paysans* | Gustave ISCHEBECK, *John Nelson Darby* | Émile JAVELLE, *Souvenirs* | Bruno LATOUR, *Enquête sur les modes d'existence, Jubiler ou la Parole religieuse* | Adolphe LÈBRE, *Cahier bleu* | Jérôme LÈBRE, *Éloge de l'immobilité* | Philippe MURAY, *Le XIXe siècle à travers les âges* | Gabriel MÜTZENBERG, *À l'écoute du Réveil* | Friedrich NIETZSCHE, *La généalogie de la morale, Vérité et mensonge au sens extra-moral* | Eugène RAMBERT, *Alexandre Vinet d'après ses poésies, Les Oiseaux dans la nature* | Charles SECRÉTAN, *Paysages vaudois* | Max WEREMCHUK, *John Nelson Darby. A Biography*

Table

Petite Bibliothèque de Spiritualité

Collection animée par
Francine Carrillo et Jacques Poget

Comment se découvrir humain au-delà de la faillite de l'humain ? Comment travailler le langage de manière à sauver en lui le jaillissement du Vivant ?

Au-delà des chapelles dogmatiques et des corsets idéologiques, cette collection invite ses lectrices et ses lecteurs à découvrir qu'il n'y a d'esprit que partagé. En s'adossant aux Écritures bibliques, à la tradition mystique et spirituelle de tous les temps ou à la littérature profane, la Petite Bibliothèque de Spiritualité offre un espace d'intelligence existentielle susceptible de refonder une espérance pour notre temps.

Titres parus

Madeleine Jacot Verdeil : *Naissances*
Carl-A. Keller : *Calvin Mystique.*
Au cœur de la pensée du Réformateur
Arnaud Tripet : *Amiel ou les jours de Dieu*
Evelyne Frank : *Avec Etty Hillesum.*
Dans la quête du bonheur, un chemin inattendu
Francine Carrillo : *Vers l'inépuisable.*
52 traversées pour 52 semaines
Jean Dumas : *L'arc-en-ciel des religions.*
Conflits et défis
Nicolas Dieterlé : *La pierre et l'oiseau.*
Journal spirituel
Serge Molla éd. : *Voix ferventes.*
Prières afro-américaines XVIIIe-XXe siècles
Carl-A. Keller : *De la prière à la méditation.*
Une mystique plurireligieuse
Lytta Basset : *Aube. Méditations bibliques I*
Gerhard Tersteegen : *Traités spirituels*
Jean Lavoué : *Dans l'éclat de l'instant*
Jean-Pierre Jossua : *Peut-on parler de Dieu ?*
Carl-A. Keller : *Voyage en Dieu.*
Un manuel de méditation chrétienne

Alain Lerbret : *Chants du silence. Les Psaumes pour aujourd'hui*
Thérèse Glardon : *Ces crises qui nous font naître. Jonas, Mefibosheth, Élie et les filles de Tselofhad*
Francine Carrillo : *Le Plus-que-vivant*
J. Philip Newell : *Prières celtiques. Recueil du matin et du soir*
Thomas R. Kelly : *La Présence ineffable*
Francine Carrillo : *L'Imprononçable*
Marion Muller-Colard : *L'Autre Dieu. La Plainte, la Menace et la Grâce*
Alain Lerbret : *Soleil de l'Un*
Marion Muller-Colard : *Le complexe d'Élie*
Francine Carrillo : *Jonas. Comme un feu dévorant*
Marion Muller-Colard : *Le plein silence*
Marie-Laure Choplin : *Un cœur sans rempart*
Marion Muller-Colard : *L'éternité, ainsi de suite*
Marie-Laure Choplin : *Un seul corps*
Serge Molla (éd.), *Prières de poètes*
Francine Carrillo, *J'aimerais que vivre tu apprennes*
Thérèse Glardon, *Cet amour qui nous grandit*
Michel Maxime Egger (éd.), *L'être caché du cœur*
Marie-Laure Choplin, *Jours de Royaume*
Marion Muller-Colard, *Les Grandissants*
Marie Tresca, *Vivre l'aube*
Francine Bouchet, *Traverse*
Jean Prod'hom, *Élargir les seuils*
Francine Carrillo, *Filigrane*
Georges Haldas, *Fulgurances. Abécédaire*
Jean Prod'hom, *Un jardin sans clôture. John Nelson Darby et Alexis Muston*

PARUTIONS RÉCENTES CHEZ LABOR ET FIDES

Cet ouvrage a été composé par IGS-CP
à L'Isle-d'Espagnac (Charente, France)

IMPRIM'VERT®

Achevé d'imprimer en juillet 2024 par Corlet Imprimeur - 14110 Condé-en-Normandie
Dépôt légal : juillet 2024 - N° d'imprimeur : 24070297 - Imprimé en France